中公新書 1893

小野善康著

不況のメカニズム

ケインズ『一般理論』から新たな「不況動学」へ

中央公論新社刊

はじめに

一九九〇年代初頭のバブル経済崩壊以降、日本は一五年以上にも及ぶ長く苦しい不況に陥った。その間、不況をどう理解するかについて経済学者や政策担当者の間では意見が鋭く対立し、政策の方針も定まらぬまま構造改革か財政出動かで揺れ動いた。その結果、最後にはアメリカを中心に力を持つ新古典派経済学の市場原理が力を得て、それに基づく構造改革が多くの支持を得るようになった。しかし、新古典派経済学は、そもそも不況の存在そのものを否定している。不況下にあるのに不況を扱う経済学が力を持たず、完全雇用の経済学が使われているのである。

そのため、導き出される提言も高度成長期の提言の単なる裏返しであり、物が売れずに利益が下がるのも、所得が下がり仕事を失うのも、みな個々の企業や個人自身のせいであり、節約に励んでまじめに働けば、経済は拡大するというものである。しかし、多くの人々の実感は、日本経済がうまくいっていた頃と同じように努力しているのに、物も売れず、仕事も減って、苦しい状況に追い込まれているというものではないだろうか。新古典派経済学の提言は、そのような人々にまだまだ努力が足りないと、追い打ちをかけるのである。

好況で物がどんどん売れている状態にあれば、需要不足による失業など実感が湧かない。そのため、長期の好況にあったアメリカで、完全雇用こそが経済本来の姿という考えが支配的になるのは、ある程度理解できる。たとえ売れ残りや失業を考えるにしても、需要不足という経済全体の問題としてではなく、物価や賃金が高いからとか、まじめに働こうとしないからというような、彼らが皮膚感覚で感じる程度および種類のものにとどまるのも当然であろう。

しかし、理論的に導き出せないからといって、現実にも需要不足による不況がないということにはならない。特に、長い不況に苦しんできた日本が、好況の続いたアメリカで広まっている考え方を無批判に受け入れるのは問題であろう。さらに、そこから得られる結論をそのまま現実の政策に応用し、かえって悲劇を広げるとすれば、経済学者の責任でもある。

本当に需要不足はないのか。日本でこそ「理論的に導き出せないから現実にも需要不足はない」ではなく「不況があるのに理論的に導き出せないのは、理論が不完全だから」と考えるべきではないか。それまで新古典派経済学を学び、その研究を続けてきた著者にとって、これらの問題を考え直すのに、今回の平成不況は大変よい機会であった。

同様の問題意識は、七〇年前のイギリスにおいてケインズが持っていた。一九三〇年代の世界的大恐慌に直面したケインズは、一九三六年、『雇用・利子および貨幣の一般理論』を発表し、当時の経済学を徹底的に批判して、需要不足がもたらす不況のメカニズムを示した。その分析と政策提言はそれまでの経済学とはまったく異なっており、その後の経済学と経済政策のあり方に多大な影響を与えた。しかし、同時にそれは大変難解でもあり、どのように理解すべきか、後世の経済学者を悩ませ続けてもきたのである。

難解さの原因は、そもそも不況発生の論理的説明が大変難しいということにあるが、ケインズ自身の論理展開に潜む多くの混乱や欠陥にも大いに責任がある。実際、研究が進むにつれてその矛盾や問題点が明らかになり、徐々に影響力を失って、しまいには否定さえされるようになった。それに加え、景気が回復するにつれて、不況ははるか昔の出来事として人々の記憶から徐々に消え去り、不況の経済学の現実味も薄れていった。そのため、価格や賃金の調整機能さえうまく働いていれば、物が売れずに仕事が足りない状態などあり得ないという新古典派の市場原理が、経済学における支配的な考えとなったのである。

しかし、そうなったときこそ現実の不況が忍び寄ってくる。そのとき、人々は対処の仕方もわからず、政策の方針も定まらないまま右往左往して、ますます不況を長期化させる。これが平成不況下の日本であろう。このときこそ、ケインズは本当は何を言いたかったのか、不況にある日本ですら、不況を分析したケインズがなぜこれほどまでに批判され無視さえされるのか、これらの問題点を再検討することは大変重要であろう。

そう思い立って『一般理論』を再読してみると、ケインズの議論展開はときに錯綜《さくそう》して混乱すら見られ、それゆえ大変難解であることを再確認した。さらに、そこにはいくつかの論理的欠陥があり、後世の経済学者が否定したくなるのもうなずける。しかし、それでもケインズの直感的な記述は示唆に富み、論理的には欠陥があっても、そこから引き出される経済現象の記述は驚くほど的を射ている。その説得力は、ケインズの記述をそのまま現代の日本に当てはめても違和感がないほどであり、平成不況で問題となった論点も、ほとんど七〇年前のイギリスにおける論点と違いのないことがわかる。このことから、経済学は七〇年前からあまり進歩していないとも言えるし、不況の問題はそれほど難しい問題であるとも言えよう。

『一般理論』は、ばらばらにされたジグソーパズルのようなものである。そこには、所有と経営の分離、貨幣の流動性、利子の多様性など多種多様なピースが散らばり、完成すれば需要不足が引き起こす不況の全貌《ぜんぼう》が現れるはずであった。しかし、ピースはあまりにも多様で、ときには間違ったものも混じっている。問題は、ケインズがそれらを必ずしも正しくは結びつけず、後世の経済学者もそれに影響されてケインズの当初の目論見《もくろみ》とは違ったパズルができあがり、そのため、あるときは誤解され、あるときは否定されてしまったことにある。

本書の目的は、そうした多様なピースを著者なりに組み直し、新たなパズルを完成させることにある。そのために、本書では現代の不況動学の視点から『一般理論』の各章の議論を整理し、混乱を解決して、新たな不況分析の枠組みを提示する。さらに、それに基づき、現代日本の平成不況のメカニズムと、そこで展開された政策論争の内容および政治経済的背景を明らかにする。

本書を執筆する過程では、論理の展開について、大阪大学の同僚である池田新介氏、小川一夫氏、杉本佳亮氏、瀧井克也氏から大変貴重なコメントをいただいた。また、文献調査や図表作成では、大阪大学大学院生の竹中慎二氏および中川雅央氏に大変お世話になった。特に、竹中氏のデータ収集と図表作成についての迅速な対応は、執筆の大きな助けになった。さらに、大阪大学と北海道大学での私の授業に参加してもらった学生たちからは、多くの興味深い質問や意見をいただき、自分自身の考え方をより明確にすることができた。

大阪大学の大竹文雄氏と中央公論新社の小野一雄氏には、本書を中公新書の形で出版するに当たり、親切に相談にのっていただき、契機を作っていただいた。また、中公新書編集部の吉田大作氏には、本書の草稿に対して適切で鋭い数多くのコメントをいただいた。それにより、本書は草稿に比べてはるかに読みやすいものになったと思う。最後に、妻の以秩子には原稿を書き直すたびに毎回読み返してもらい、素人《しろうと》の目から見てどこがわかりにくく、どう書き直せばわかるようになるかについて、遠慮のない厳しい指摘をもらった。

以上の方々に、この場を借りて深く感謝したい。

二〇〇七年三月

小野善康

不況のメカニズム

目次

不況のメカニズム

ケインズ『一般理論』から新たな「不況動学」へ

第1章　ケインズ経済学の基本構造

1　二つの不況観

大恐慌と平成不況

いまからおよそ八〇年前の一九二〇年代末、アメリカ経済は未曾有《みぞう》の好況に沸いていた。プロの投資家から一般庶民に至るまで、多くの人々がアメリカ経済の繁栄を確信して株式相場に熱狂し、ニューヨーク証券取引所の株価は一九二九年九月には史上最高値を記録した。しかし、これを境に株価は徐々に下落し始める。

同年十月二十四日、市場が始まって以来の大暴落が起こった。いわゆる「暗黒の木曜日」である。暴落はその後も止まらず、三年後の一九三二年夏には最高値から八〇％以上も下落していた。その影響はまたたく間に広がって、世界経済は長く苦しい不況に突入し、そこから抜け出るのに一〇年以上もの歳月を要したのである。

図1に示されるように、その間アメリカでは、二九年に三％台であった失業率が三年後には二五％近くにまで跳《は》ね上がり、その年の実質GNP成長率はマイナス一四％を記録した。このとき、実に、労働者の四人に一人が失業していたことになる。状況はイギリスでも同じ

であり（図2）、同じ期間に失業率は九・七%から二三%近くにまで激増し、三一年の実質GNP成長率はマイナス五・一%にまで落ち込んだ。

それから約六〇年後、一九九〇年にバブル経済が崩壊した日本でも、これと同様の事態が発生している。

一九八〇年代には、毎年二〇%から三〇%に迫る勢いで膨張《ぼうちょう》し続けた日経平均株価は、八

図1　大恐慌前後のアメリカ経済

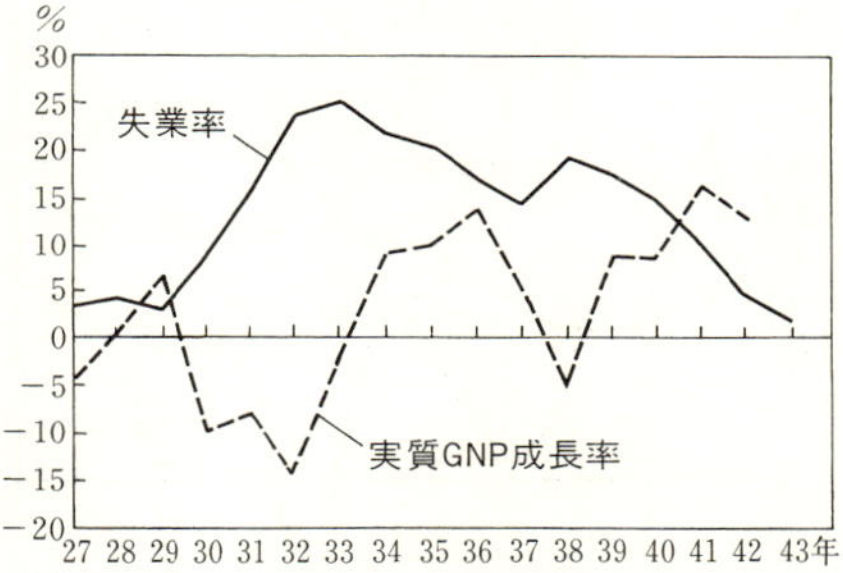

（出典）*Historical Statistics of the United States, Colonial Times to 1970.* U.S. Department of Commerce, Bureau of Census, 1989.

図2　大恐慌前後のイギリス経済

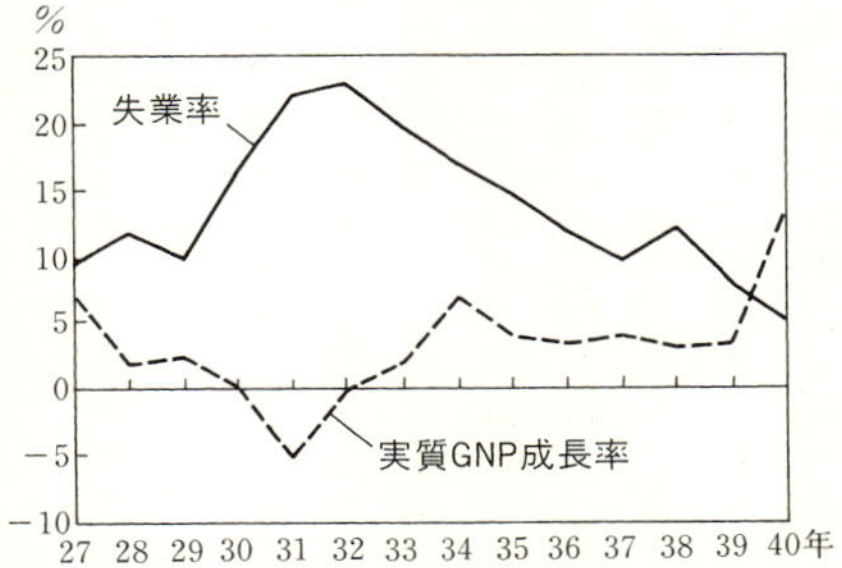

（出典）Feinstein (1972), Peacock and Wiseman (1967).

九年末、ついに三万八九一五円の史上最高値に到達した。そのとき、日本経済の優秀性を賞賛する声が国内外のあちこちで聞かれ、二十一世紀は日本の世紀だという議論までがまことしやかに展開された。しかし、そこから株価は下落を始め、気がつけば三年後には六〇％も下がっていた。下落は止まらず、二〇〇三年三月十一日にはバブル以降最安値の七八六二円をつけて、最高値から八〇％も低下してしまったのである。

その間、図３にあるように実質ＧＤＰ成長率は大きく落ち込み、失業率も五％を超え、第二次世界大戦後の現行統計開始以来最悪の数値となって、完全失業者数は四〇〇万人にまで近づいた。この状態は一五年以上も続き、二〇〇六年時点においてさえ、まだ本格的回復とは言えない状況にある。

図3　平成不況下の日本経済

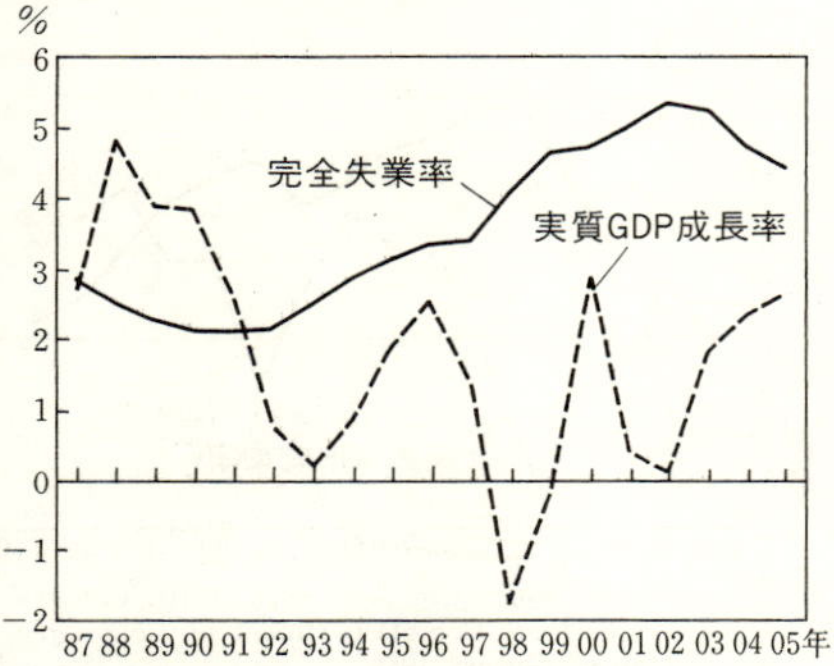

（出典）『国民経済計算年報（平成18年版）』内閣府

供給不況と需要不況

これらに共通する特徴とは、直前まで好況を謳歌《おうか》し、生産性も高く、すべてがうまく機能

図4　自殺率の推移

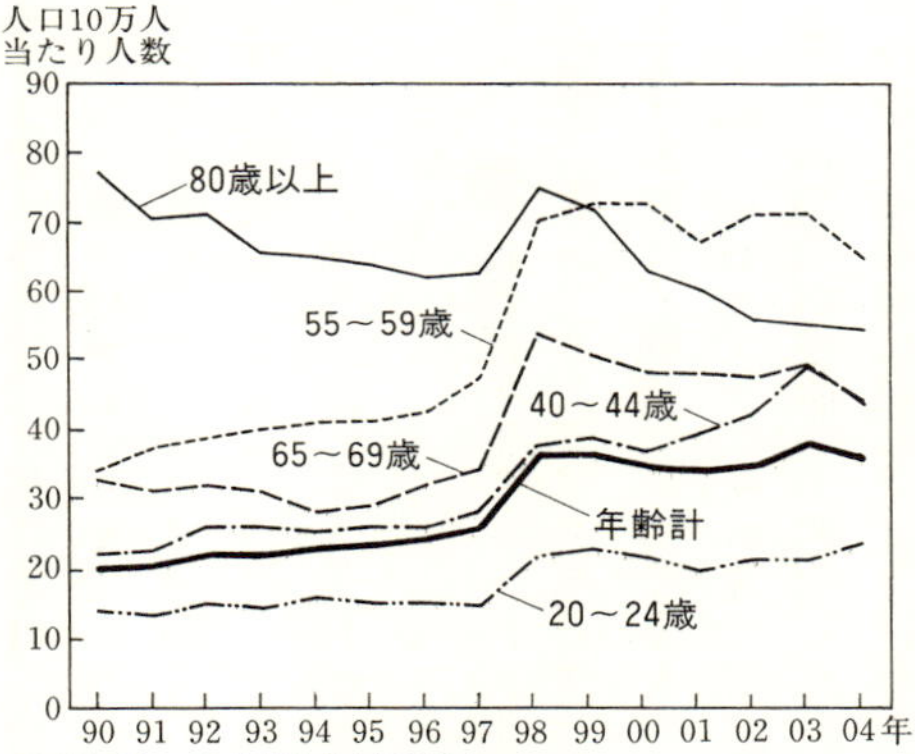

（出典）『人口動態統計』厚生労働省

していると信じられていた経済が、きわめて短期間にすべてうまくいかなくなり、失業が増え経済成長が落ち込んで、なかなか回復できなくなるというものである。人々はこれまでと同じように働き同じように暮らしているのに、突然の倒産や解雇に遭遇し、理由もわからず混乱して悲惨な状況に陥った。大恐慌下のアメリカ社会におけるこうした状況は、F・L・アレンの『オンリー・イエスタデイ』『シンス・イエスタデイ』や林敏彦《はやしとしひこ》の『大恐慌のアメリカ』などに活写されている。

同様の悲劇は平成不況下の日本でも発生した。そのことは、橋本龍太郎《はしもとりゅうたろう》政権下の財政引き締め政策によって不況が悪化した一九九八年以降、四〇代から五〇代という働き盛りの人々の自殺が急増したことにも、端的に現れている（図4）。

この事態に多くの経済学者たちは、一九三〇年代の英米でも現在の日本でも、経済の停滞は生産力の低さや、価格・賃金調整の不備が原因で起こると考えた。つまり、供給側の原因による不況である。実際、生産能力が低ければ、いくら働いても生産できる物やサービスの量は限られているから、人々は貧しいままである。また、市場の調整機能が不完全で物価や賃金が十分に下がらなければ、物は売れず労働者も仕事に就けないから、生産量は下がる。不況がこのような理由で発生するなら、回復には生産能力の拡大と市場機能の改善が重要ということになる。このような考え方は新古典派経済学と呼ばれ、ケインズの時代から現在に至るまで、経済学の主流をなしている。

それでは新古典派の言うように、生産能力が高く、物価や賃金が十分に下がれば、景気は必ず回復するかと言えば、そうとは限らない。物が売れなければ生産能力がいくら高くてもそれを生かせず、経済は停滞するからである。実際、大恐慌下のアメリカやイギリスでも、平成不況下の日本でも、それまで好況を謳歌し経済力を誇示していたのに、突然生産力が下がったり市場の調整能力が悪化したりしたから経済が停滞した、とは考えにくい。それよりも、供給側の要素に変わりはないが、バブル崩壊で人々の購買意欲が減退し、物が売れずに雇用が減ったから、物価や賃金が下がり続けても一向に需要が回復しなかったと考える方が、はるかに自然であろう。これが需要不足による不況である。

このように、不況には供給側の理由による供給不況と、需要不足による需要不況が考えられる。このうち需要不況について、その発生メカニズムを論理的に説明することは、供給不況に比べて圧倒的に難しい。その理由は、標準的な新古典派の市場モデル（一般均衡モデル）を前提とするかぎり、需要不足は論理的にあり得ないという結論になるからである。そこでは、市場メカニズムが十分に働いて価格や賃金が調整されれば、物・サービスや労働の供給量がいかに大きくても、必ずそれに見合う需要量が生まれる。したがって、需要不足を説明するには、新古典派の市場経済モデルを超えた新たな枠組みを構築しなければならない。

『一般理論』の誕生と展開

大恐慌を目の当たりにして、新古典派による供給不況の考え方を真っ向から批判し、新しい経済学を提唱したのが、ジョン・メイナード・ケインズ（J. M. Keynes, 1883-1946）であった。ケインズは、需要不足のメカニズムという非常に困難な問題に取り組み、その分析をまとめて、一九三六年、その後の景気論争の発端となる『雇用・利子および貨幣の一般理論』（以下、『一般理論』と略す）を発表したのである。

『一般理論』は、その後ヒックス（J. R. Hicks）によってわかりやすく定式化され、マクロ経済学の標準的な枠組み（IS・LM分析）として世界中に広まった。しかし、そこに示される需要不足のメカニズムは、新古典派の考える企業や家計の行動原理とは必ずしも整合的でなかったために、多くの経済学者たちが、この二つの統合を目指して精力的に研究を進めた。研究は困難を極め、数々の試みの末に、市場の調整がスムーズに行われているかぎり需要不足は発生しないという結論に至った。

そのため、ケインズ理論の妥当性自体が疑われ始め、現在では理論の世界にとどまらず、現実経済における需要不足の存在までもが否定され、新古典派的な供給不況の考え方が主流となっている。不況を効率性の問題や市場の調整機能欠如の問題としてとらえる構造改革が、政策立案の基本になっている日本の現状は、こうした経済学の現状を色濃く反映している。

新古典派の考え方と構造改革

ここで、新古典派経済学における基本的な考え方をまとめておこう。

経済には企業と家計が存在する。企業は投資によって資本設備を蓄積し、労働力を使いながら物やサービスを生産して収益を得る。一方、家計は労働を提供して賃金を得るとともに、株式や社債、預金、貸家や土地など、いろいろな資産を保有して、配当や利子、家賃や地代、および資産価格の値上がり益を手にする。さらに、合計所得から消費分を支払い、残りがあれば貯蓄するし、足りなければ資産を取り崩す。

このとき、企業も家計も各時点での物価や賃金、利子率を考慮しながら、企業は現在から将来にわたって獲得する利潤の合計現在価値（＝株価として現れる企業価値）を最大にするように行動し、家計は生涯予算の範囲内でもっとも満足のいくように、現在から将来への消費計画を立てて実行する。それぞれの物やサービスの価格、賃金、利子率は、こうして決まる各時点でのそれぞれの供給と需要を一致させるように調整される。この調整が働いているかぎり各市場で売れ残りは起こらず、そのため経済全体での総需要も不足することはない。

このような枠組みでは供給不況しかあり得ない。国民所得が下がるのは、生産性の低下や市場調整の不備など、供給側の原因しか考えられないからである。それが正しいなら、不況の原因を追究するのは比較的容易である。生産能力を低下させる要因か、市場の調整機能を悪化させる要因を探し出せばよい。生産能力に関わる要因には、技術水準、資本の蓄積量、経営者や労働者の能力や意欲などがある。また、市場機能の優劣に関わる要因には、物やサービスの需給の量および価格に関する情報、雇用の場所や量および賃金に関する情報、労働者の努力の程度に関する情報、賃金や物価調整の迅速さ、企業や労働組合の独占力などがある。

生産能力に関するいずれかの要因が悪化すれば、そもそも生産される物やサービスが減るから、作ればすべて需要される状態でも国民所得は減少する。つまり、人々には働く場があり、そこで一所懸命働いているのに、効率が悪いために大した価値を生み出すことができず、所得の低い状態にとどまるということである。これは生産性の低い貧しい国が陥る不況であり、石川啄木《いしかわたくぼく》が『一握《いちあく》の砂』で詠ったような「働けど働けど我が暮らし楽にならず」という状況である。

この考え方をそのままアメリカや日本など豊かな国の景気変動に適用し、技術革新や気候の変動などの生産性ショックが景気変動を引き起こすと主張しているのが、キドランドとプレスコット（F. E. Kydland and E. C. Prescott, 1982）によるリアル・ビジネス・サイクル理論（実物的景気循環論）である。そこでは、景気が変動しても売れ残りも失業もなく、所得の低下も労働者がみずから労働供給を制限するために起こると説明されている。[註1]

さらに、生産能力そのものは低下しなくても、不完全な情報によって高すぎる価格や賃金がつけられたり、価格や賃金をつり上げるためにわざと生産や労働時間を制限したり、どこに労働者の能力が発揮できる場所があるかがわからなかったりする場合にも、生産量が下がって国民所得が減少してしまう。

ひとたびこの見解を受け入れれば、経済政策の方針は容易に決めることができる。経済全体の生産能力を引き上げるために、無駄な消費を減らして貯蓄に励み、投資資金を潤沢《じゅんたく》に供給して機械設備などの資本の蓄積を促進すること、技術開発の促進、経営者や労働者がしっかり働くように管理体制を強化すること、人や設備の無駄の排除、経営者や労働者を教育して能力アップを図ること、などである。

また、市場メカニズムが十分に働くようにするには、需給に関する正確な情報を素早く伝えて価格や賃金を迅速に調整すればよく、そのためには、市場の閉鎖性の解消、雇用流動化、職業紹介サービスの充実などがよい。正確な情報のもとで価格や賃金が素早く調整されれば、一国の生産能力を一杯に使って生産しても、その分の物やサービスは必ず需要される。この状況では、働く能力も意欲もあるのに働けない労働力が生まれる（非自発的失業）ということはなく、失業があるなら、それはその人に働く気がないか（自発的失業）、転職の過程で一時的に発生しているだけ（摩擦《まさつ》的失業）ということになる。

註1　リアル・ビジネス・サイクル理論について、詳しくはローマー（D. Romer, 1996）あるいは齊藤（2006）を参照せよ。

需要不況をめぐる論争

しかし、現実が新古典派モデルとは異なり、総需要が供給能力を下回るなら、価格や賃金が調整されても売れ残りや非自発的失業は残る。このとき、いくらまじめに働いて効率を引き上げたところで、ただでさえ余っている生産能力がさらに余って失業が拡大し、不況は一層深刻化する。

それにもかかわらず、政策当局が供給側の非効率こそ経済停滞の原因と堅く信じ込んでいれば、大変悲惨な状態が起こってくる。企業やそこで働く人々はまだまだ努力が足りないと非難され、効率化と人員整理が続いて失業がますます悪化するから、需要はさらに減少し、景気後退とリストラの連鎖が起こる。したがって、このとき政府が行うべき政策とは、個々の企業の生産効率化を促すことではなく、人為的に需要を作って余った労働力に少しでも働く場を確保することである。そうすれば余った労働力が使われるから、何もしないで失業しているよりは、経済全体での効率もよくなる。

このように、需要不足の可能性を認めるか認めないかによって、供給側を改善することによる経済全体の効率への効果は反対になるから、経済政策の方針もまったく違ってくる。このような意見対立に直面したケインズは、『一般理論』の序文（英語版 p.xxi, 著者訳、以下同様）において「経済学者の間で意見が大きく分かれているため、いまでは、現実の経済問題に経済理論が適用されることはほとんどなくなっており、この状態は、意見の食い違いが解消されるまで続くであろう」と述べている。意見の食い違いは『一般理論』の刊行後七〇年を迎えた平成不況の日本でもそのまま残り、「構造改革」か「景気重視」かという対立のなかで正反対の政策提言が行われ、経済学への信頼が揺らいでいるのである。

意見対立が生まれるのは、結局のところ、需要不足が存在するかしないかの決着がついていないからである。需要不足に関するケインズの論証は不十分で、いろいろな欠陥が見つかるから、多くの経済学者が需要不足は発生するはずがないと考える。彼らは現代的な理論武装をしてはいるものの、その考え方自体はケインズ以前にもどっているのである。

2　需要不足のメカニズム

需要の構成要素

そもそもケインズは、『一般理論』によって本当に不況の理論を確立し、新古典派の考える供給不況ではなく、需要不足と非自発的失業によって起こる需要不況の論証に成功したのであろうか。実は、必ずしも成功したとは言えず、新古典派のように、物価や賃金などの高止まり（固定性）に強く依存した論理になってしまっているのである。

それでは、ケインズもそれらの固定性が需要不足の原因と考えていたかと言えば、そうではなく、物価や賃金が急激に下がればかえって不況は深刻化するとまで言っている。実際、『一般理論』の議論を丁寧に吟味《ぎんみ》していくと、物価や賃金の固定性に頼らず需要不足を論証するための、重要なヒントが隠されている。それにもかかわらず、ケインズ自身がそれを見逃してしまったのである。本書では、『一般理論』の中身を詳しく検討しながらこの点を解明していくが、その前に本節において、その論理の概要を簡単に紹介しておこう。

そもそも需要とは、消費と投資からなる。消費とは、いま食べたり着たり楽しんだりするために物やサービスを使うことであり、投資とは、将来の物やサービスの生産を可能にする設備を蓄積するために、物やサービスを使うことである。需要不足を説明するには、このような消費と投資がいずれもある程度以上は伸びず、経済全体の供給能力に比べて不足したままになるメカニズムを解明しなければならない。

このうち消費についてケインズは、家計が受け取る所得の一部が消費に回され、この二つの間には「消費関数」と呼ばれる安定した関係があると仮定する。すなわち、所得が上がれば消費も増えるが、その増加量は所得の増加ほど大きくはないという関係である。さらに、所得とは生産活動に付随して生まれるすべての報酬の合計であり、総生産とはそれによって生み出された価値であるから、所得と総生産は必ず一致する。したがって、所得（＝総生産）よりも少ない量しか消費に回さないという消費関数の仮定をおけば、その時点で、消費だけでは生産物のすべてを需要することができない、と言っているに等しい。

このとき需要の不足分は、必然的にもう一つの需要項目である投資で補わなければならない。それだけではない。生産が拡大して所得の高くなった豊かな経済ほど生産と消費との差は広がるから、需要不足の解消にはより多くの投資が必要になる。

これについて新古典派は、投資が不足すれば、それに回す目的で貯蓄された資金が余るから、利子が下落すると考える。利子の下落は資金の借り入れ費用を安くして投資を拡大するとともに、貯蓄を不利にして消費も拡大させるから、結局は需要不足が解消されるはずである。このことは、利子率が物やサービスを取引する「財市場」の総需要と総生産を等しくするように決まる、ということを意味している。

ケインズはこれを批判し、利子率は財市場で決まるのではなく、株式や債券などの資産の売買を行う「資産市場」での需給調整によって決まると考える。人々は資産を債券や株式などの収益を生む資産（収益資産）と、収益はないが流動性という魅力を持つ貨幣とに分けて保有する。ここで流動性とは、好きなときに好きな物を買うことのできる自由度を意味する。

そのとき、収益資産の利子率が低ければ貨幣を選び、高ければ収益資産を選ぶ。利子率は、人々のこのような資産選択行動によって決まる貨幣や収益資産への需要量が、それぞれの供給量と一致するように決定される。利子率が資産市場で決められるなら、同じその利子率が物やサービスを取引する財市場の総需要と総供給を一致させる保証はなく、そのため、一般には需要不足は解消されないことになる。

以上の論理に基づいてケインズは、民間が行う消費や投資の決定に任せていては需要不足の解消は不可能であり、政府の介入によって投資を増やすしかないと言う。現在の日本におけるケインズ経済学にそった政策提言も、こうしたケインズの姿勢を色濃く反映しており、消費を増やすことよりも、投資をいかに増やすかに議論の焦点が集まっている。

投資刺激というケインズ的視点から提案される投資減税・補助金や研究開発投資（R&D）減税・補助金、法人税減税など、企業の優遇措置は、その理由はまったく異なるにもかかわらず、新古典派的市場主義からも支持される。新古典派は供給側の視点に立って企業の生産力増強が経済を回復させると信じ、伝統的なケインジアンは需要側の視点から、企業投資の拡大が需要不足を緩和すると考えるからである。

それだけではない。経済効率の有無とは関係なく、これらの政策は政治的にも採用されやすい。その理由は、もうかっている企業にとって都合がよく、彼らは政治的に大きな影響力があるからである。実際、平成不況の日本において財政出動や公共事業などのケインズ的な需要創出政策を徹底的に批判し、小さな政府を目指して構造改革を推進した小泉純一郎《こいずみじゅんいちろう》政権ですら、これらの企業優遇策には前向きであった。

消費関数の問題点

消費や投資の伸びには限界があるというケインズの論理は、いくつかの重大な問題を抱えている。まず、消費関数の仮定について考えてみよう。

前項で述べたように、この仮定は所得（＝総生産）の一部しか消費に回さないということを意味するから、直ちに、消費だけでは需要が不足するという性質が出てくる。実際、ケインズ自身もこれを需要不足の説明における一つの柱と考えていたようである。[註2] しかし、消費はそのときどきの所得だけで決まるわけではない。将来の所得見通しや現有資産の大きさ、現在と将来のどちらの消費を重んじるかなど、多くの要素に依存している。ケインズは『一般理論』でこれらの要素をすべて列挙した上で、もっとも重要な要素は現在の所得であると考え、消費関数を仮定したのである。

これに対するもっとも強い、また古くから新古典派によって行われてきた批判とは、物価が下がれば金額が同じでも貨幣の購買力は拡大するから、たとえ人々の毎月の所得が同じでも、もともと持っていた貨幣のおかげで消費は増えるというものである。この効果は実質残高効果（あるいは資産効果）と呼ばれている。これが正しければ、消費は所得だけに依存するということはなくなり、物価が下がるだけでいくらでも増えていくから、需要不足は解消されるはずである。ケインズは、消費関数においてこの効果を無視したため、消費は物価の動きとは無関係になったが、この効果の存在を考慮すれば、消費不足を導くためには物価が動かないと仮定する必要が出てくる。

そのため新古典派は、需要不足は物価や賃金が調整されていないから起こる現象であり、それらが調整されれば必ず解消されると信じるようになった。すなわち、ケインズ経済学は物価や賃金が十分に動かない短期の経済を考える分析手法であり、時間が経ってそれらが十分に調整される長期には、需要と供給が一致する新古典派的世界が現れるという考え方である。この発想はそのまま現在の新古典派経済学にも受け継がれ、一九九〇年代半ばの日本においても、物価や賃金の素早い調整が景気回復を早めると言われて、「価格破壊」という言葉がもてはやされた。

註2　ケインズ全集に収められている『一般理論』の編集者の序文（pp.xix-xx）を参照せよ。そこには、このことを示す一九三六年八月三十日のケインズからハロッド（R. F. Harrod）への手紙の一部が引用されている。平井（1987, pp.110-111；2003, pp.387-388, p.422）が示しているように、ケインズがこのような考えに至ったのは『一般理論』刊行のわずか二、三年前（一九三三年）のことのようである。

投資を止めるもの

需要のもう一つの構成要素に投資がある。『一般理論』では、消費については消費関数を仮定したため、需要不足を説明するのに投資不足の説明が決定的な役割を果たしている。すなわち、ケインズの不況理論とは投資不足理論と呼んでもよいくらいである。

投資とは、企業が資金を投入して生産設備を拡大し、将来それを使って生産活動を行い、利益を得ようとする活動である。したがって、投資は資金の借り入れ費用としての利子率と、将来の収益に関する予想とに依存して決まり、利子率が高いと思っても、また将来収益が低いと思っても、投資は控えられる。さらにその利子率自体は、すでに明らかにしたように、企業の投資行動とは無関係に、人々による収益資産と貨幣との資産選択行動によって決まるから、一般には投資不足は解消されない。

それでも、需要が足りなければ物価が下落して、同じ金額の貨幣でもその実質量（＝名目貨幣量／物価水準）は増える。そうであれば、収益資産にも資金があふれ出して利子率が下がり、投資を刺激するのではないか。

これについてケインズは、貨幣を保有して流動性を確保したいという人々の願望は、貨幣の実質量が増えてもなかなか衰えないから、資金が簡単には収益資産に向かわないと考えた。このような状況で収益資産の需要と供給を一致させるためには、利子率がある程度高い水準にとどまる必要がある。ケインズはこの現象を「流動性の罠《わな》」と呼んだ。これが起これば、投資資金の利払い負担は高いままであるから、投資は増えない。今日の学部生向けのマクロ経済学で広く教えられているＩＳ・ＬＭ分析は、このような投資の限界と消費関数による消費の限界がもたらす需要不足のメカニズムを定式化したものである。

次に、将来収益予想についてケインズは、それが風評や気分によって大幅に変動し、投資を大きく左右すると考える。このことは特に景気後退の初期段階において顕著であり、悲観が経済を覆うと投資は急速に控えられて、たとえ利子が下がってもなかなか回復しない。このように、投資は十分に下がることのできない利子率と、不安定な風評や気分によって支配され、需要不足を解消するようには調整されない。これがケインズの主張である。

実は、投資を止める要素はこの二つだけではなく、それら以上に、すでに蓄積されている資本量にも依存する。有利な投資機会は、機械設備などの資本が蓄積されるにつれて減っていく。さらに、不況で総需要が不足し、物が売れなければ、ますます新規投資をする意味はなくなる。このように、投資とは本質的に一時的なものであり、十分な量の資本が蓄積されたあとでは消滅する運命にある。そのため、総需要を増やす目的で投資を刺激するということは、その場の短期的な景気刺激しか考えていないことになる。

物価と賃金の固定性の働き

流動性の魅力によって利子率の高止まりが起これば、投資が抑えられ、投資に使われる物やサービスの需要が減る。そのため、生産活動が抑えられて所得が減少するから、消費関数にしたがって消費も減ってしまう。こうして消費と投資の合計である総需要が不足し、経済の活動水準が生産能力を下回って非自発的失業が発生する。これがケインズの主張である。

しかし、次に述べるように、資産市場で決まる利子率と投資を左右する利子率とは、測る基準が異なっている。したがって、資産市場で決まる利子率が高止まりしたとしても、必ずしもケインズの言うように投資抑制につながる、とは言えないのである。

資産市場での利子率とは、資産を貨幣で持つか、株式や債券などの収益資産で持つかを決める指標である。貨幣を一定期間保有しても額面金額は変わらないが、収益資産なら元金に加えて利子分の金額の収益がある。したがって、この二つの比較に使う利子率とは、もとの金額から何パーセントの金額の利子がつくかを表す値、すなわち名目利子率である。

これに対して、企業による投資を左右する利子率とは、名目利子率から物価上昇率を差し引いた値、すなわち実質利子率である。

企業が投資を行うとき、資産市場で決められた名目利子率で投資資金を借り、それを元手に物やサービスを購入して生産設備を作り、将来、物やサービスを生産し販売して収益を得る。このとき物価が一定であれば、現在の投入物が、将来、製品としてどのくらい増えて返ってくるか、という量的増加分だけが投資の収益になる。

しかし、もし物価が上がっていれば、その分高い値段で生産物を販売することができるから、量的増加分と物価上昇分の両方が手に入る。したがって、企業が投資活動によってまかなわなければならないのは、名目利子率から物価上昇率を差し引いた分だけでよい。逆に、デフレで物価が下がっていれば、同じ量を作って販売しても手にする金額は少ないから、生産物を多めに売って資金を返済しなければならない。このことから、企業が投資するさいの負担となる利子率とは、名目利子率－物価上昇率（あるいは名目利子率＋物価下落率）で与えられる実質利子率であることがわかる。

したがって、資産市場での名目利子率の高止まりが、そのまま投資を抑制する実質利子率の高止まりを意味するためには、物価が変化しないという性質（あるいは外生的な一定の物価変化率）が必要である。しかし、これとは逆に、政策当局が物価変化率を自由にコントロールすることができるならば、名目利子率が高止まりしていても、物価をインフレ気味にすることによって実質利子率を引き下げることができる。それができれば、投資は刺激されるはずである。

結局、消費や投資が不足して非自発的失業が発生することについてのケインズの説明では、物価や賃金が動かないこと（固定性）が決定的な役割を果たしているように見える。すなわち、一方で、物価や賃金の水準自体が高止まりしていれば、貨幣の購買力を表す実質貨幣量が増えず実質残高効果が働かないから、消費が拡大しない。他方で、物価変化率がゼロになっていれば、流動性の罠によって発生する名目利子率の高止まりが、そのまま実質利子率の高止まりとなって、投資不足を生むことになる（図5）。

しかし、ケインズ自身は物価や賃金の固定性が需要不足の原因ではないと言い、それらが低下すれば、かえって需要は下がるとまで主張している。また、のちに明らかにするように、これこそがケインズの考える不況の重要な特徴である。したがって、そのような不況が起こることを論証するには、ケインズ自身の説明を超える論理を展開しなければならない。それができなければ、ケインズの世界は新古典派の世界のなかで、物価や賃金が固定されているという例外的状況にすぎないことになってしまう。

図5　総需要不足と物価の固定性

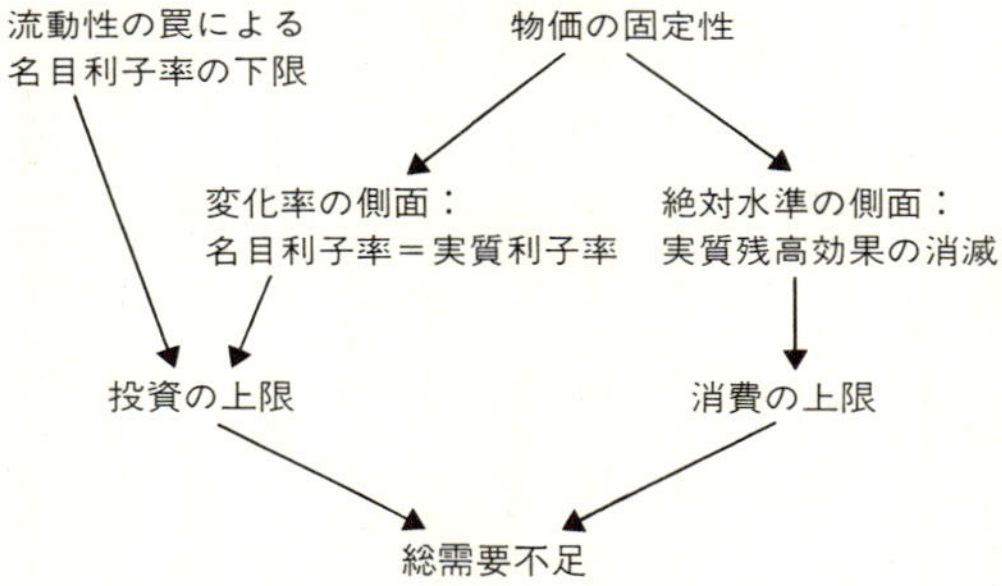

3　政策介入の目的

ケインズの政策提言

ケインズは、需要不足の可能性に関する理論的な分析とともに、需要不足が起こった場合に行うべき政策の方向性も示している。総需要が不足しているなら、いくら生産力を上げたところで物が売れないから、その能力を活用する場がない。このとき望ましい政策とは、生産力を拡大することではなく需要を作り出すことである。

たとえば、政府がみずから投資を行って需要不足を補えば、失業者を働かせることができる。また、消費性向の低い階層から高い階層に所得を再分配して経済全体の平均的な消費性向を引き上げれば、消費の総量が高まる。さらに、投資に結びつかない貨幣への蓄積願望を抑えるために貨幣保有に課税して、貨幣保有に回っていた購買力を生産設備拡充のための実物投資に向けさせることも考えられる。

このとき必要な財源の多くは、高所得者や資産を多く保有している階層からの税収でまかなわれる。またその資金は、仕事の減った労働者や企業に仕事を与えるさいの費用になったり、補助金や手当などの形で失業者や低所得者層に手渡されたりする。そのため、本来は需要刺激という目的で行われる政策が、失業者救済や富裕層から貧困層への所得再分配を目的とする社会政策のように受け取られる傾向を持つ。

こうしてケインズ経済学は、資本主義の枠組みを維持しながら社会主義的な政策を行うものとして「修正資本主義」とも言われ、生産効率を犠牲にして分配を重視する政策と思われるようになったのである。

このことは同時に、政治的対立の原因にもなる。これらの政策では、必然的に豊かな者から貧しい者へ、平成不況下で使われている言葉を使えば「勝ち組」から「負け組」への再分配が起こるからである。そのためケインズ政策は、富裕層からは反対され、貧困層からは支持される傾向を持つ。多くの場合、勝ち組の方が政治的影響力は強いため、彼らにとって損な政策は採用されにくい。このことが、現在の日本におけるケインズ政策批判と構造改革一辺倒《いっぺんとう》の背景にある。

ケインズ政策は効率化政策

しかし、『一般理論』をよく読んでみると、需要刺激策を支持する根拠として、ケインズ自身は社会正義から見た再分配という側面を強調してはいない。その論拠は純粋に効率化なのである。したがって、ケインズ政策は分配を重視して効率を犠牲にするからいけないという批判は、まったくの筋違いである。また、ケインズ政策を支持する側も、失業者のことも考えるべきなどとは言わずに、それこそが効率化であると主張すべきなのである。

それではなぜ、企業の生産性向上が効率化ではなく、需要創出が効率化なのか。需要が不足していれば、企業の生産性がいくら上がっても作った物は売れないから、拡大した生産能力は活用されず、意欲も能力もあるのに働けない人や、使える設備があるのに活動できない企業が出てくる。また、企業が余った資本設備を廃棄し余剰労働力を解雇すれば失業が増えるから、その企業だけは効率化しても、経済全体での無駄は消えない。結局、生産側をどのように改善しても、販売できる量は需要側が決める水準になってしまうから、経済全体では効率化にならない。

たとえば一〇〇〇万人の労働者がいるとき、一〇〇万人を解雇して残りの九〇〇万人を効率的に働かせることと、一〇〇〇万人全員を何とか働かせることを比べたとき、前者の方が効率がよいということにはならない。それよりも、九〇〇万人分の生産物やサービスしか売れない状況を改善して、余った一〇〇万人も働かせるようにした方が経済効率は高まる。この政策の真意とは、無駄な需要でもいいから増やしさえすればよいということではなく、余った人材を少しでも活用するにはどうしたらよいか、ということなのである。ここには倫理的、情緒的な判断は一切入っていない。

これと同様に新古典派の主張にも、だれが多く受け取るべきだといった分配上の価値判断はなく、需要不足がないという前提のもとでの効率化だけを考えている。実際、需要不足がなく完全雇用が維持されているならば、生産能力を引き上げることこそが効率化につながる。そのため、余った人材を切り捨て、業績の悪い企業を退出させて、一所懸命働くインセンティブを与えれば、企業も労働者も効率よく働く。さらに、それによって増えた生産物やサービスは売れ残ることなくすべて需要されるから、生産性の向上こそが経済全体の効率化になる。このような場合には、効率的で高い成果を上げる企業や個人が得をする制度がよい。そうでなければ人々は一所懸命働こうとしないし、少しでも楽をした方が得になって、生産効率が落ちてしまうからである。

このように、ケインジアン対新古典派の対立は、だれに多く配るべきかという分配の問題ではなく、純粋に効率の問題である。需要不足の有無に関する前提が違うから方策が違うだけで、目的は同じなのである。したがって、需要不足の有無がわかれば、どちらの政策がいいか理論的に決着がつくはずである。

このことを念頭において、第2章から第4章では『一般理論』の論理を一つ一つ検討し、その特徴と独創性および限界を明らかにしていく。

具体的には、まず第2章において、完全雇用しか考えていない新古典派を批判し、需要が不足して非自発的失業が生まれるメカニズムを考察したケインズの議論を振り返る。次に第3章では、需要不足を引き起こすさいに決定的な役割を果たす、利子の多面性と貨幣の本質を明らかにする。さらに第4章では、需要の変動にともなう雇用や生産、物価や賃金などの経済全体の動きをケインズがどう考え、それに対してどのような政策提言を行ったかを検討する。

最後に第5章においては、第2章から第4章までに展開したケインズ理論の独創性と欠陥を整理し、現代の動学的マクロ経済学の枠組みを使って、その欠陥の解決と不況の経済学の再構築を試みる。さらに、そこから見えてくる現代日本の不況の構造を明らかにしながら、あるべき政策の方向を探ることにしよう。

第2章　失業と需要不足

1　新古典派経済学の特徴【第一章・第二章】

古典派理論が想定しているのは特殊ケース（完全雇用）であって、われわれが現実に生活している経済の特徴とはかけ離れているため、そこから得られる結論をあえて現実の問題に適用すれば、誤った、破滅的な結果をもたらす（p.3）。

新古典派経済学の限界

『一般理論』では、まず第一章において、リカード（D. Ricardo）からマーシャル（A. Marshall）、エッジワース（F. Y. Edgeworth）、ピグー（A. C. Pigou）らを総称して古典派と呼び、彼らはすべての市場で需要と供給が一致しているという特殊な状態しか考えていないと批判する。その考え方は、今日、新古典派経済学として集約され精緻《せいち》化されているため、本書では新古典派と呼ぶことにする。

次に第二章でケインズは、新古典派体系の特徴を次のように論じている。新古典派経済学は、外生的に与えられた一定量の生産要素（すなわち労働や資本）を何の生産のためにどのように割り当てるかという配分の問題と、生産要素や生産物の相対価格がどのように決められるかという価格決定の問題を取り扱っている。そこでは、世の中に存在する生産要素が、すべて使われることが前提となっており、そもそも生産要素がどのくらい使われるかという問題についての分析はない。すなわち、資源の「利用可能量」と「現実の利用量」を区別せず、利用可能量はすべて現実に利用され、そのため失業や売れ残りのない状況しか考えていない。

実際、新古典派経済学では、個々の物価や賃金がすべてしっかり調整されていれば、物もサービスも労働も生産資源も含むすべての市場でそれぞれの需要と供給が一致するから、売れ残りや失業は起こらないということになる。したがって、利用可能量は必ず現実の利用量になる。

新古典派の雇用理論

ケインズはまず、労働市場を対象に、利用可能量がそのまま現実の利用量になるという新古典派の考え方を批判する。賃金が高ければ、企業にとってはコスト高になるから雇用を減らそうとする。他方、労働者は大きな所得を手にすることができるから、もっと働こうと労働供給を増やす。賃金はこのような労働の需要と供給を一致させるように決まるから、働きたい者はすべて現実に雇用されるという考え方である。このとき念頭にある賃金とは、金額表示でいくらかという貨幣賃金ではなく、物やサービス単位で測った実質賃金である。

人々が受け取る賃金の大きさを考えるとき、本当の意味で重要なのは金額ではなく、それによって物やサービスがどのくらい買えるかである。いくら金額表示の額が大きくても物価が二倍三倍であれば、手に入れることのできる物やサービスは半分や三分の一になる。このときの金額表示の賃金が貨幣賃金であり、それを物やサービスに換算してどのくらいになるかを表した値が実質賃金である。したがって、実質賃金は貨幣賃金を物価で割った値となる。

新古典派は、実質賃金に対応して企業が労働需要を、家計が労働供給を決めると考える。企業による労働投入が増えていけば、労働の生産効率は徐々に下がっていく。このことは、たとえば引っ越し作業においても観察される。作業員がひとりしかいないとき、もうひとり増えれば作業にかかる時間は大幅に短縮される。しかし、作業員がすでに五人もいる状況では、作業員をもうひとり追加しても時間の短縮はそれほどではない。つまり、労働の追加投入による生産増加分（これを経済学では「限界生産力」と呼ぶ）は、いまある労働量が大きいほど小さくなる。

そのため、労働投入量が少ない状態では、労働の追加投入による生産増加分が実質賃金の支払い分を上回るから、雇用を増やした方が得である。しかし、これを続けて労働の限界生産力が実質賃金と等しくなるまで低下すれば、それ以上労働投入を増やすことは損になる。その結果、企業は労働の限界生産力が実質賃金と等しくなるような量まで労働を雇う。この状態で実質賃金が上昇すれば、賃金支払いの方が生産量の増加分よりも多くなってしまうため、労働投入を減らした方が得になる。したがって、企業の労働需要量は実質賃金が高くなるにつれて減少する。

他方、労働を供給する人々の側から考えると、実質賃金が高くなるほどもっと働きたいと思うし、新たに働きたいという人も増えるから、労働供給量は増えていく。

新古典派は、このような労働の需要と供給が一致するように実質賃金が決まると考える。このとき、その実質賃金のもとで、労働者はちょうど働きたいだけ働き、企業もちょうど雇いたいだけ雇っているから、意欲も能力もあるのに働けないという非自発的失業は存在しない。

そうは言っても失業という現象自体は存在する。たとえば、就職情報の不備があれば、仕事を変えて新たな職場を探すまでには時間がかかるから、その間は職に就けない。現行賃金が安すぎて働く苦痛の方が大きいから働きたくないとか、働かなくても失業手当や社会保障給付を受けることができるから働かない方が得だといった場合にも、失業は起こる。また、仕事を探している間は安い賃金でもいいから何とか就職したいと思っていても、いったん職に就けば、労働組合に入って労働条件の改善や賃上げを要求するし、賃金が安いと、働く気が失せて効率が下がるかもしれない。さらに、職場での自分の地位を確保するために、仕事のノウハウを新入社員に教えないということもあるかもしれない。企業が従業員のこのような行動パターンを知っていれば、安い賃金でもいいから働きたいという就職希望者がいても、簡単には雇えない状況が生まれる。

新古典派の考える失業とは、これらの市場メカニズムの不備による摩擦的失業や、労働者がみずから選択する自発的失業であって、需要不足による非自発的失業ではない。したがって、失業を減らす手段を現代の状況に当てはめると、職業紹介サービスの充実による労働需給情報の伝達、価格や賃金の調整を速めるなどの労働市場の調整機能の改善、失業手当の引き下げ、女性の労働供給を拡大させる保育所の整備、労働条件の改善による就業意欲の刺激、職業訓練によって労働生産性を高め賃金が高くても企業が雇用を増やすようにすること、ニートの職業訓練や再教育によって働く意欲を起こさせること[註3]、社員の働きぶりをしっかりチェックして信賞必罰にすること、などになる。これらは、現代の構造改革そのものである。

新古典派によるこのような失業の考え方は、精緻化されて、現代のマクロ経済学に引き継がれている。たとえば、新たな職場を探すまでの失業は、フェルプス (E. S. Phelps) やダイヤモンド（P. Diamond）らによるサーチ（仕事探し）・モデルとして定式化された。また、賃金が低すぎると従業員の働く気が失せて効率が下がることを知っている企業が、外から仕事を求める人が来ても賃金を下げないという状況は、シャピロ（C. Shapiro）とスティグリッツ（J. E. Stiglitz）による効率賃金仮説として理論化されている。さらに、リンドベック（A. Lindbeck）とスノーワー（D. J. Snower）によるインサイダー・アウトサイダー理論では、既存の労働者（インサイダー）が新規の労働者（アウトサイダー）に職を奪われないように職務に関する情報を伝えず、そのため既存の労働者を新規労働者に取り替えると費用がかかるから、賃金が高いままで雇用が増えないと考えている。[註4]

註３　ニートとは、もともと単に就学も就業もしていない若者という中立的な意味で使われていたが、最近では、働く気のない若者という否定的な意味で使われることが多い。

註４　これらの理論についてはローマー（1996）に解説されている。また、サーチ理論については齊藤（2006）に詳しい。

非自発的失業と完全雇用

新古典派の完全雇用とケインズの非自発的失業を、図を使って比較してみよう。図６では、実質賃金が上昇するにつれて企業が雇いたいと思う労働力は減ってくるから、労働需要曲線

図6　非自発的失業

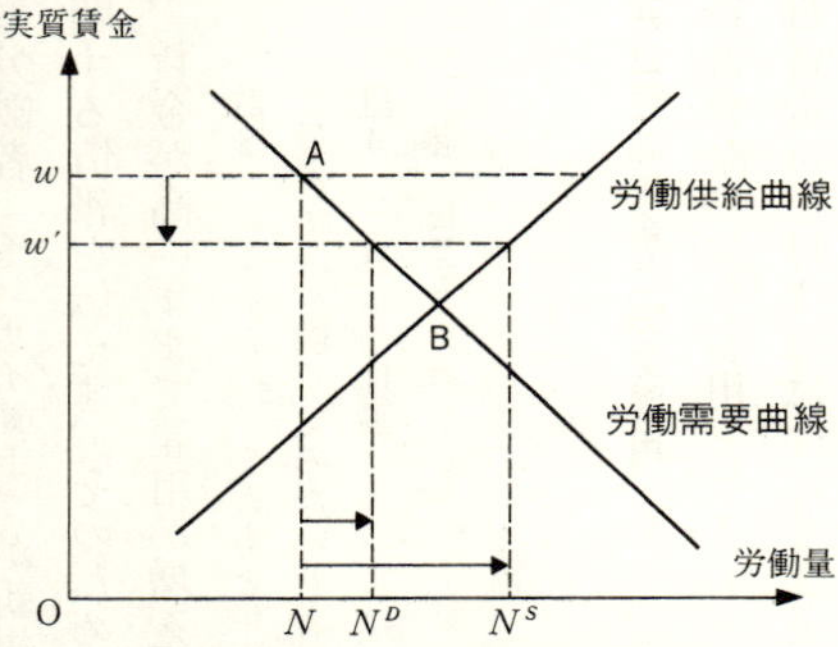

N：総需要に対応する現在の雇用量
N^D：実質賃金低下後の労働需要
N^S：実質賃金低下後の労働供給

は右下がりに、また、働きたいと思う人は増えてくるから、労働供給曲線は右上がりに描かれている。したがって、働きたい人がちょうど雇用されている新古典派の完全雇用状態は、労働供給曲線と労働需要曲線との交点Bによって与えられる。

なお、実質賃金とは「貨幣賃金／物価」であるから、分子の貨幣賃金低下と分母の物価上昇のいずれによっても低下する。そのため、新古典派の見解が正しければ、貨幣賃金が低下したらもちろん、物価が上昇するだけでも、労働者の一部は働く苦痛を補うだけの実質賃金が得られないと思って、みずから離職するはずである。

この性質についてケインズは、当時の世界的な不況を念頭に、物価が上がれば自分から仕事を辞める人が出てくることなどあり得ないと批判し、この失業は次のように定義される非自発的失業であると主張している。その定義とは、物価がわずかに上昇したとき（つまり実質賃金がわずかに低下したとき）の労働供給と労働需要が、いずれも現在の雇用量より大きい状態にあるというものである（p.15）。

この状態は図6のA点によって示される。実際、実質賃金がA点上のwという値からw'に下がるとすれば、労働需要はN^Dに、労働供給はN^Sになって、いずれも現在の雇用量Nより大きい。

賃金と雇用量、どちらが先か

経済が非自発的失業をともなうA点にあるとき、なぜ実質賃金が下がって完全雇用（B点）を達成することができないのか。ケインズは、労働市場で調整できるのは貨幣賃金であって実質賃金ではないと言う。では、なぜ貨幣賃金を調整しても実質賃金（=貨幣賃金／物価）が調整されないのか。それは、総需要が不足したままであれば物が思うように売れず、貨幣賃金とともに物価も下がっていくからである。物価と貨幣賃金が並行して下がれば実質賃金はもとの水準にとどまって、雇用量はA点での水準Nから増えていかない。

つまり、実質賃金が先に決まって雇用量があとから決まるという新古典派の因果関係とは反対に、ケインズは、はじめに総需要分の生産に必要な労働需要量が決まり、それに対応して実質賃金が決まると考えている。このとき、貨幣賃金がどのように動いても、労働需要量が動かなければ実質賃金は変化しようがない。したがって、すべての理由を知るには労働市場の需給調整だけを見ても不十分であり、総需要の決定メカニズムと、それにともなって物価がどう下落するかを知らなければならない。

労働市場で決められるのは貨幣賃金であって実質賃金ではない、ということについてケインズは、労働者は実質賃金ではなく貨幣賃金の動きに注意を払うからであり、その理由は他の労働者との相対的な賃金水準を気にするからであると言う（pp.13-14）。すべての労働者の賃金が一様に低下するなら我慢もするが、自分の賃金だけが下がるのは我慢できない。物価水準が上昇しても、他の労働者との相対賃金は変わらないから抵抗しないが、自分の貨幣賃金が下がることには抵抗するという説明である。

この考えは、その後、アカロフとイェレン（G. Akerlof and J. Yellen, 1990）によって、公正賃金仮説として理論化された。そこでは、労働者は自分の賃金とともに他人の賃金を考慮して計算される公正賃金を要求すると仮定し、能力の異なる二種類の労働者がいれば、能力の低い労働者は自分の能力以上の賃金を要求するから、企業が彼らを雇わない可能性があると説明される。実際、こうした状況もあるかもしれないが、これが理由で大恐慌や平成不況での大規模な失業が起こったとは、到底思えない。それよりも物やサービスが売れず、総需要が不足したから起こったと考える方がはるかに自然であり、それなら需要不足のメカニズムを考える方が重要であろう。

したがって、重要なのは貨幣賃金がなぜ下がらないのかということではなく、貨幣賃金が下がってもなぜ需要不足が解消されず、実質賃金も動かないのかということである。ケインズ自身が言いたかったのは、賃金が雇用水準を決めるという新古典派の主張とは逆の、需要と雇用が決まってから賃金が決まるという因果関係であった。それなのに彼自身が、需要不足の議論とは独立に、労働者が他人の賃金を気にするから貨幣賃金が高止まりすると説明している。これでは、貨幣賃金が下がらないから需要不足が起こると言っているように思われても仕方がない。そのため、後世のケインジアンが、賃金調整の不備が原因で失業が起こるという、きわめて新古典派的な因果関係を引き継ぐことになったのである。

こうして、現代のニュー・ケインジアンと言われる経済学者たちは、失業の起こる理由として賃金や物価の調整不備に注目し、賃金や物価の固定性を仮定した場合の一般均衡の研究や、賃金や物価が調整されない理由の分析を行っている。それらには、前述した効率賃金仮説やインサイダー・アウトサイダー理論などの他にも、クラウワー（R. W. Clower, 1965）の再決定仮説、根岸（1980）の屈折労働需要曲線による賃金固定性のもとでの一般均衡分析、バローとグロスマン（R. J. Barro and H. I. Grossman, 1976）やベナシー（J. P. Benassy, 1986）らによる固定賃金と物価のもとでの一般均衡分析などがある。

貨幣賃金と実質賃金の逆相関

ケインズは、賃金交渉で決められるのは貨幣賃金であって実質賃金ではなく、実質賃金はまったく別のメカニズムで決定されていると述べている。また、労働者が貨幣賃金の引き下げに応じないから失業が起こるという新古典派の見解を批判して、不況期には貨幣賃金は下がっているが、それでも実質賃金は下がらないと言う。それどころか、貨幣賃金が下落しているときには、ほとんど常に実質賃金はかえって上昇しているということまで主張している。

しかしケインズは、この現象を新古典派の説明と現実との矛盾の例として挙げただけであり、なぜそうなるかについての明確な説明は行っていない。ここで、その説明を試みてみよう。

需要が不足すれば、雇用が減って人が余るから、貨幣賃金は低下していく。さらに、雇用量が減れば個々の労働生産性（限界生産力）は上昇するから、実質賃金が以前と同じなら、売れば売るほどもうかる。そのため、各企業は限られた需要のもとでシェアを伸ばそうと物価を引き下げ、これが実質賃金の上昇をもたらす。この過程は実質賃金が労働生産性に等しくなるまで続く。そのときには雇用を増やしても損するだけであって、それ以上物価を引き下げようとはしないからである。このように、はじめに需要不足が起こると考えれば、貨幣賃金下落と実質賃金上昇の同時発生が説明できる。

図7　不況と実質賃金の動き

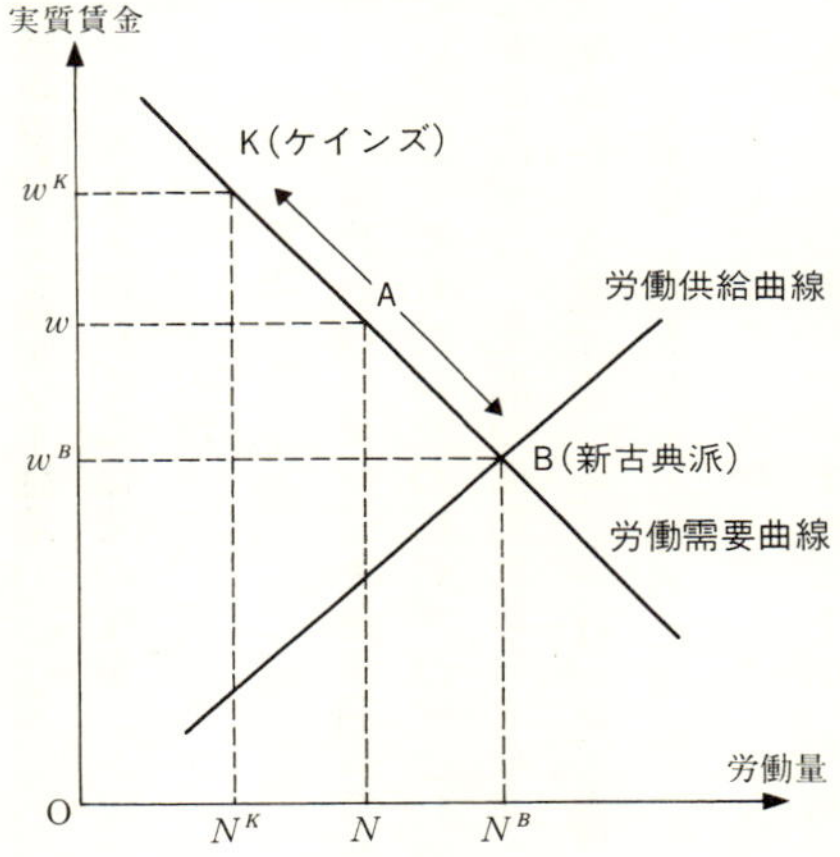

このことは図7を使っても説明できる。経済がA点にあるとき、需要不足が拡大して雇用量がNからN^Kに下がると経済はA点からK点に移動し、実質賃金はwからw^Kに上昇する。他方貨幣賃金は、非自発的失業が増大しているから下がり続けるのである。

これに対して新古典派は、失業を完全雇用が実現するまでの一時的な現象としてとらえ、失業があれば貨幣賃金が下がり、それとともに実質賃金も下がって、最終的には完全雇用が実現されると考えている。そのため、図7では、不況をA点にある経済がB点に至るまでの調整過程と解釈し、その間、貨幣賃金が下がるとともに実質賃金もwからw^Bに低下していくと考える。

したがって、ケインズ的な非自発的失業の存在を説明するには、なぜ需要が不足したまま動かなくなるのか、そのことを物価や賃金調整の不備とは独立に論証しなければならない。

ロビンソン・クルーソー経済

物やサービスに対する需要の総量が不足する可能性について、新古典派は原理的にあり得ないと主張する。その理由は、新古典派の世界では「供給はみずからの需要を生み出す」という「セイ（J. B. Say）の法則」と呼ばれる性質が成立しているからである。そこでは、物やサービスを作れば、必ずその生産量に相当する購買力が生まれ、その購買力は消費か投資かのいずれかの目的のために必ず行使されるから、作った物が売れ残ることはあり得ない。

セイの法則は、絶海の孤島に暮らすロビンソン・クルーソーのような、ひとりだけの経済では明らかに成立する。そこでは、魚を捕ったり作物を育てたりする生産活動も（供給）、それらを消費したり明日のために加工したりするのも（需要）、すべて本人である。そのため、作った物はそのとき使ってしまうか（消費）、あとで使うための準備に使うか（投資）のどちらかでしかない。つまり、生産した物は必ず消費か投資かに回されるから、生産量に比べて需要が不足する状態は原理的にあり得ない。

新古典派はこの性質をそのまま、多くの人々が、自分では使わない物やサービスを生産し、交換しあう現実の経済（交換経済）に当てはめ、現在の消費を差し控えることはすなわち将来の消費に備えて投資に回すことである、と考えている。それが正しければ、個人が消費を控え貯蓄して富を増やそうとすれば、そのまま投資となって資本設備が本当に蓄積され、その分社会全体の富も増加する。この考え方は、現在の日本の構造改革における節約の精神にも引き継がれている。個人や個々の企業の節約という行為がそのまま社会の富の純増を実現させる、という考え方である。

これに対してケインズは、交換経済はロビンソン・クルーソー経済とは異なり、現在の消費を差し控える行為は必ずしも将来の消費を意識して行われるものではない、と批判する。『一般理論』第二章の議論はここで終わっているが、この批判の意味をもう少し考えてみよう。

ひとりですべてを行うロビンソン・クルーソー経済では、作った物のうち消費しないで貯蓄する分は、すべて将来の消費の準備（投資）に回す。これに対して、多くの人々からなる現実の交換経済では、貯蓄する本人が自分で投資を行うことはなく、貯蓄した分は金融資産の形で保有する。さらに、金融資産自体はただの紙であり、人々は収益率を気にするだけで、その背後でどのような実物投資が行われているかについては無頓着《むとんちゃく》である（所有と経営の分離）。そのため、金融資産の形で貯蓄する人々の目論見と、その資金を使って実際に投資する企業の思惑が一致する保証などなく、投資不足の可能性が生まれる。

2 貯蓄と投資の不一致【第三章〜第七章】

伝統的経済理論が持つおめでたい楽天主義のおかげで（中略）、経済学者は、需要不足が経済的繁栄の障害になるかもしれないと、考えることさえしなくなっている（pp.33-34）。

経済活動水準を決めるもの

新古典派の世界ではセイの法則が成立し、どれだけ雇用しても、それで生産される物やサービスの価値分だけの需要が生まれる。したがって、完全雇用分の人を雇っても、それで作られる物をすべて売ることができるから、需要不足も失業も起こらない。

これに対してケインズは、総需要を形成する投資と消費が総供給能力とは独立に決まり、雇用量は総需要量に対応した水準にしかならないと主張する。その水準が完全雇用量を下回れば失業が起こる。これが需要不足によって起こる非自発的失業である。総需要量が総供給量を決めるというケインズの示した因果関係は、はじめに完全雇用に対応する総供給量が与えられ、総需要は結果的に必ずその水準になるという新古典派の因果関係（セイの法則）とは正反対である（図8）。

　しかし、セイの法則は新古典派体系を前提とすれば論理的に導き出される性質であって、単なる仮定ではない。そのため、需要不足を説明するには、新古典派体系とは異なる体系を考えなければならない。ケインズはその体系を次のように要約する。労働者を雇用して生み出された物やサービスの合計価値は、経済全体の所得として人々に分配される。人々はその所得の一部しか消費に回さないから、それだけでは需要が足りず、不足分を投資で埋め合わせなければならない。したがって、もし投資が十分に伸びなければ、消費と投資との合計である総需要が不足して失業が発生する。

　また、所得の一部しか消費に回さないということは、生産量（＝所得）が大きくなるにつれて生産量と消費とのギャップが広がることを意味する。そのため、完全雇用を維持するために必要な投資はますます大きくなる。つまり、高い生産力を持つ豊かな社会であればあるほど生産と消費の差は広がり、それを埋めるためにより多くの投資が必要になる。ところが、豊かな社会では資本が十分に蓄積されているから有利な投資機会は少なく、投資意欲が落ちている。したがって、豊かになればなるほど需要不足による非自発的失業が

図8　雇用決定メカニズム

新古典派

生産能力＝総供給量 → 総需要量

→ 完全雇用

ケインズ

総需要量 → 総供給量（＜生産能力）

→ 非自発的失業

発生しやすく、「豊富のなかの貧困」が起こる（p.30）。

このことは、日本における高度成長期と平成不況期との対比や、近年、高度成長を続けて世界中の投資家の注目を浴びているブラジル、ロシア、インド、中国などの国々と、成熟して成長率の低下した先進諸国との対比を想起させる。

成功者に支持される新古典派の教義

新古典派経済学でも、資本設備が十分に蓄積されれば投資機会がなくなることは十分に認識されているが、それでも需要不足は解消すると考えられている。需要が不足すれば、物価が下がって貨幣の実質価値がどんどん上がっていくから、人々は実質的に金持ちになって消費はいくらでも増え、結局は完全雇用が実現されるはずだからである。さらに、物価調整が速ければこの過程に時間がかからないから、すぐに完全雇用が実現される。

しかし、論理的にこのように証明できると言われても、現実に、一九三〇年代の大恐慌下のアメリカや平成不況下の日本で長期にわたって存在した多くの失業者が、需要不足によって生まれたのではなく、すべて働く気がないとか、自分の意志で職探しをしている状態であるとは、とても考えられない。それにもかかわらず、ここまで新古典派の教義が席捲《せっけん》しているのはなぜだろうか。

その理由を、ケインズは次のように述べている。

新古典派の教義は素人には難しく、それゆえ専門家にしかわからない素晴らしいものであるかのような印象を与えた。それを現実に適用すると人々に我慢を強いて辛《つら》いものになったが、逆にそれだからこそ、ありがたいもののように思わせた。その論理構成は完璧《かんぺき》で美しく見えた。また、経済の進歩のためには多くの社会的不正義や冷酷さは避けられないという新古典派の説明は、権力者に気に入られた。さらに、それは政治的に力のある資本家たちの自由な活動を正当化するものでもあるため、彼らの支持を集めた（pp.32-33）。

これは一九三〇年代のイギリスの状況を記述したものであるが、労働者の解雇や企業倒産という悲劇が「改革の痛み」として、あたかも不可避で望ましいことのように喧伝《けんでん》され、その実、改革の内容をよく見れば「勝ち組」にばかり都合がよく、多くの経済団体や高所得者から熱狂的な支持を受けた小泉政権下の構造改革を驚くほどうまく言い当てている。

貯蓄と投資の因果関係

家計の受け取る所得と消費の差とは貯蓄である。また、所得とは、生産物を売って得た報酬を受け取る側から見たものであるから、総生産と一致する。さらに、総生産は消費と投資に分けて使われる。したがって、図9に示されているように、新古典派でもケインズでも、結果的には投資と貯蓄は必ず一致する。しかしケインズは、投資と貯蓄の調整に関する自分と新古典派との考え方がまったく違うと主張する。その違いは、投資と貯蓄のどちらが先に決まり、どちらが結果としてそれに等しくなるように調整されるかという因果関係が反対という点にある。

図9　貯蓄と投資の均等化

市場取引：生産＝消費＋投資

家計予算：所得＝消費＋貯蓄

分配の原理：生産＝所得

→　投資＝貯蓄

新古典派の考える世界では、消費されない分の生産物は必ず投資されるから、需要不足はない。そのため、個人が貯蓄をすれば、その分だけ投資資金が増えて、投資も必ず増加する。つまり、貯蓄が投資を決めるということである。

これに対してケインズの考える世界では、人々が貯蓄したいと思う量と企業が現実に行う投資の量が、一致する保証はない。人々がいくら貯蓄して自分の富を増やそうとしても、その資金分の実物投資が行われなければ富は増えようがなく、実現できる富の増大は実際の投資に対応する量でしかない。つまり、貯蓄が投資を決めるという新古典派の主張とは反対に、投資が貯蓄を決めるのである。

このとき、人々が無理に貯蓄を増やそうとして消費を減らせば、総需要が減ってしまう。

そうなると、企業の予想収益が下がって資本設備への投資が控えられるから、需要不足が広がるとともに、資本を裏づけとする富の蓄積もできなくなる。そのため、所得も減少して貯蓄が思うようにできなくなり、貯蓄は低下した投資に見合う水準にまで落ちてしまう。このように、貯蓄を増やして自分の富を拡大したいという個人の行動は社会全体の行動とはならず、かえって所得を下げて富を減らしてしまうのである。

この性質は、個々で成り立つことが全体では成り立たないという意味を込めて「合成の誤《ご》謬《びゅう》」と呼ばれている。

ケインズによる以上の説明は、貯蓄と投資という数量間の直接的な因果関係を述べたもので、数量調整という視点に立っている。すなわち、新古典派は貯蓄の量さえ決まればそれに一致する量の投資が現れると考えているが、ケインズは、はじめに投資の量が決まれば、あとは所得が変動して貯蓄を投資と一致させると考えている、ということである。

しかし、新古典派の頭のなかにはこのような数量調整はなく、利子率という現在と将来との相対価格の調整だけがある。すなわち、投資や貯蓄ははじめから数量が与えられるということはなく、利子率の変動によって互いに一致するように調整される、という考え方である。このとき、投資と貯蓄のどちらが先でどちらがあとという因果関係は念頭にない。

新古典派による利子率調整の考え方をもう少し説明しよう。与えられた利子率のもとで、個人は現在と将来の消費の配分を考えて貯蓄（将来の消費への備え）を決め、企業は同じ利子率のもとで生産設備などへの投資を決める。このとき、個人の決める貯蓄と企業の決める投資は一般には一致しないが、もし投資が貯蓄したい量に満たなければ、投資資金が過剰になって利子率が下がる。その結果、投資が増え貯蓄が減って（＝消費が増えて）、投資と貯蓄が一致する。

さらに、このような視点からケインズ的な投資不足を解釈すると、利子率の調整がうまくいかないから貯蓄に比べて投資が不足し、総需要が足りなくなって失業が発生するということになる。したがって、利子率の調整を阻害する要因を除去して正しく調整されるようになれば、投資不足は必ず解消されるはずである。

貨幣保有願望と需要不足

しかし、消費や投資が不足して生産能力が余るのは、物価、賃金、利子率などの価格調整の不備だけが原因ではない。本書のこれからの議論で明らかにしていくように、貨幣の存在こそが需要不足を引き起こすもっとも重要な要因なのである。

多くの人々や企業からなる交換経済では、所有と経営の分離、生産者と消費者との分離など、経済活動がいろいろに分離されている。このことが貨幣という交換手段を必然的に作り出す。貨幣はその背景にある経済資源や生産物のすべてを動かす力を持つ。そういう力を持つものがあってはじめて市場取引がうまくいく。貨幣があるからこそ、人々は何を買うかの判断をいくらでも先延ばしにすることができるし、好きなときに好きな物を買う自由を手にすることもできる。問題は、貨幣がそうした力、すなわち流動性を発揮するとき、その力を発揮する対象としての物やサービスではなく、そうした自由を手にすることそのものが欲しくなること（流動性選好）にある。

ひとりしかいないロビンソン・クルーソー経済では交換がないため、貨幣の存在理由はない。使うのもためるのもすべて物で行われるから、欲望は物にしか向かわず、物に対する需要が不足することはない。ところが、自分が使わない物やサービスを生産し、市場において自分の欲しい物やサービスと交換する交換経済においては、取引の仲介に貨幣が必要なことから、欲望が物だけではなく、本来価値のないただの紙である貨幣にも向かうのである。労働投入や生産活動のいらない貨幣が欲望の対象になり、さらにそれへの欲望が強すぎると、物への需要が不足して雇用が減ってしまう。これが、需要不足によって発生する非自発的失業である。

ケインズは以後の各章において、需要不足が発生する理由として、消費よりも投資の側面を強調する。すなわち、貨幣への保有願望が投資に流れる資金を吸い込んで投資を抑制するから、需要不足が起こると考えている。しかし、経済が資本設備を十分に蓄積して巨大な生産能力を保持していれば、貨幣への欲望があろうがなかろうが、投資の機会はなくなってくる。そうなっても、新古典派経済学では需要不足が発生することはない。その理由は、需要不足によって物価が下がり、貨幣の実質量（＝名目貨幣量／物価水準）を十分に拡大させれば、貨幣に向かっていた欲望が消費にも向かうようになって、需要不足を解消すると考えているからである。

したがって本当に需要不足を説明するには、人々が消費するか貨幣としてとっておくかを比較し、貨幣を保有する方を選ぶから消費が不足するということを説明する理論が必要である。しかし、ケインズは、新古典派の消費者行動理論とは相容れない消費関数を導入することによって、消費不足を説明しようとしたため、次節に示すように、多くの誤解と混乱を生んでしまったのである。

3　消費関数と乗数効果【第八章〜第一〇章】

政治家たちが古典派経済学の原理を学んだために、できるだけ何もしないのがよいと思い込んでいるなら、ピラミッドの建築や地震や戦争でさえも、彼らに何かをさせるきっかけとなって富の増大に役立つのである（pp.128-129)。

消費性向を決める客観的要因

ケインズは需要不足を論証するために、まず消費の決定要因を客観的要因と主観的要因とに分けて論じている。そのうち客観的要因として、物価や貨幣賃金の水準、資本価値の変化分である資本減耗やキャピタル・ゲイン、利子率、財政政策、将来所得の予想などを挙げている。この点は、現在の動学的マクロ経済学が定式化している消費者行動と変わりはない。問題は、消費がこれらの要素にどのように依存するかである。

新古典派理論ではこれらの要素を考慮しながら、現在から将来にわたる予算の推移（動学的予算方程式）を前提に、消費者の合理的な行動を考える。これに対してケインズは、新古典派のように厳密な議論は展開せず、消費は主に所得に依存するという単純な仮定をおいて消費関数を導入する。

しかし、このように単純な消費関数は、現代の動学的マクロ経済学が考える消費者の行動原理からは導き出すことができない。そこでは、ケインズの指摘したすべての要素に依存する消費量が導き出されるが、ケインズの主張とは異なり、その値は物価や貨幣賃金、利子率などの調整によって完全雇用を実現するように調整される。したがって、ケインズの示した消費の限界は、単に消費者の行動原理を十分に考慮しなかったために生まれたものということになり、そのメカニズムが理論的に明らかにされたとは言いがたい。

金融資産の蓄積と実物資本の蓄積

さらにケインズは、需要不足をもたらす要因の一つとして、金融準備金の弊害を強調している。家主が住宅修繕のための金融準備金をためれば、その分は物やサービスへの需要としてまったく現れない。企業が借金を返済し、金融準備金を積み立てるのも同様である。こうした「金融堅実主義」が需要を抑えて不況をもたらす。

この主張は、小泉政権下での不良債権処理や金融健全化の動きと、それにともなって発生した貸し渋りの影響を考えても、大いに説得力を持つ。実際、これらを導入してから景気は大きく後退し、失業率が戦後最悪になるとともに、株価も大幅に下落して八〇年代末につけた最高値の二〇%近くにまでなったのである（図10）。

金融堅実主義が不況を深刻化させるのは、それが生産設備などの実物資本への投資に結びつかないからである。ケインズはこの点に注目し、金融資産の蓄積と実物資本の蓄積は別物であるとして、次のような議論を展開している（p.104）。

消費はあらゆる経済活動の唯一の終点であり目的であって、総需要は現在の消費と、将来の消費のための準備（すなわち投資）から生ずるにすぎない。さらに、貨幣や証券類などの金融資産をいくらためても、将来の消費を満たす生産力にはならず、実物資本を蓄積してはじめて将来の生産力となる。新古典派は、金融的準備（すなわち貯蓄）と実物的準備（すなわち投資）を同一視しているが、この二つが必然的に一致するのはロビンソン・クルーソー経済だけであって、金融資産をためる人と投資をする企業が分離している通常の経済では、一般には一致しない。

人々が貯蓄をするとき、それは消費を減らすことであって投資を増やすことではない。肝心の投資は貯蓄を決める人々とはまったく別に、企業によって決められるから、金融資産の蓄積と実物資本の蓄積が一致する必然性はない。さらに、経済が成長して実物資本が蓄積されていけば、ますます投資機

図10　平成不況下の失業率と株価

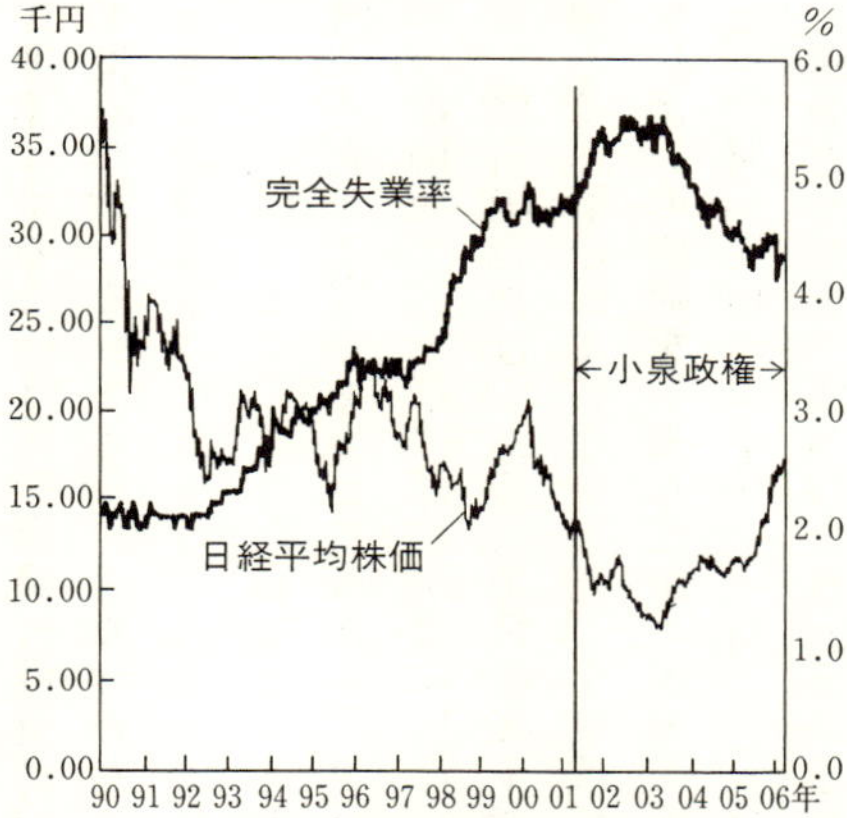

（出典）日経平均株価・月末値：日本銀行HP http://www.boj.or.jp/type/stat/dlong/etc/hstock.csv
完全失業率：『労働力調査年報』総務省統計局HP http://www.stat.go.jp./data/roudou/longtime/zuhyou/lt01-13.xls

会が減る。このことは民間企業の投資についてだけでなく、政府による道路建設などのインフラ整備についても言える。そのため人々は、経済が豊かになればなるほど、実物資本よりも金融資産の蓄積ばかりを考えるようになって、ますます不況が起こりやすくなる。

ケインズによるこのような指摘は、そのまま平成日本の現状にも通じる。構造改革による節約のすすめは、つまるところカネ、すなわち金融資産の節約しか頭にない。しかし、ケインズの指摘通り、実際に節約が意味を持つのは、実物資本をためるという行為がどこかで行われている場合だけである。小泉政権下で行われた財政節約主義では、こうした基本原理がまったく理解されていなかった。小泉首相（当時）は山本有三《やまもとゆうぞう》の戯曲『米百俵』を教訓として無駄遣いの排除を主張したが、本当の節約とは無駄遣いをやめて資金をとっておくことではなく、何か実物資本を作っておくことである。[註5]『米百俵』の原作でも、もらった米を食べずに資金としてとっておけと言っているのではなく、その資金で学校を作り、後世の人材育成に役立てよと言っているのである。

註5　山本有三の戯曲『米百俵』(1943)。戊辰《ぼしん》戦争で焦土と化した長岡《ながおか》藩の窮状を見かね、支藩が米百俵を提供した。飢えていた藩士たちは喜んでそれを食べようとしたが、大参事小林虎三郎《こばやしとらさぶろう》がそれを止めて、「食べてしまえば一時でなくなるが学校を建てれば後々まで生かせるから、明日の一万俵にも百万俵にもなる」と言い、学校建設のために百俵を売ってしまったという話である。

将来の消費に結びつかない貯蓄

金融資産をためる行為と実物資本を蓄積する行為とはまったく異なる、というケインズの指摘は、大変説得的に聞こえる。しかし、これによって新古典派が考えを変えるかと言えば、そう簡単にはいかない。

新古典派経済学では、金融資産をためるという行為は、将来の特定の時点で特定の量の消費を行うという行為に直結していると考える。そのとき、いまの消費を減らして貯蓄に回された分は、利子分も含めてそのまま将来時点での消費の増大となり、ちょうどその分の投資を行うに足る将来収益が保証される。そのため、貯蓄と一致する量の投資が必ず生まれ、需要不足は発生しない。すなわち、使うことを目的とせずにためることだけを考えた貯蓄を想定しないかぎり、新古典派理論の整合性を維持しながら需要不足を論証することは、できないのである。

それでは、使うことを目的としない貯蓄などあるのか。確かにある。貨幣をためるという行為がそれである。

もし、貯蓄が具体的に将来の消費をイメージしたものではなく、金融資産をためることそのものを目的としたとき、消費を控えて貯蓄をすることは、どの時点の消費にも結びつかない。そのため、将来需要も見込めないから、投資をしても収益が期待できなくなり、消費だけでなく投資も減少して不況になる。つまり、金融資産をためること自体への欲求、これが流動性選好の本当の意味であり、この欲求を消費への欲求と比較すれば、消費不足を理論的に説明することができるはずである。

ケインズは、将来の消費に結びつかない貯蓄を流動性選好とは結びつけず、単に消費関数を仮定し、その値を所得から差し引くことによって強制的に導き出した。一方、流動性選好については、後述するように、利子の高止まりをもたらし投資を抑制する要因と考えた。しかし、ケインズ自身にも、また新古典派にも十分に認識されているように、資本設備の蓄積が進めば投資はなくなる運命にある。すなわち、投資不足を説明するのに、わざわざ流動性選好を持ち出す必要はなかったのである。

消費性向を決める主観的要因

ケインズは、さらに、消費性向を左右する節約についての主観的要因を検討している。まず個人について次の要因を示す。

(1) 不測の事態に備える

(2) 消費パターンの将来変化 (老後や将来の教育費)

（3）利子収益のため
（4）時間を追っての生活水準向上のため
（5）独立の意識と実行力
（6）投機や経営資金確保
（7）遺産
（8）純粋のケチ

また、政府や企業による節約に関しても、次のような要因を挙げている。

（1）内部留保での投資資金確保
（2）金融危機への対処のための流動資産確保
（3）経営努力の成果を見せるため
（4）安全第一のための金融準備金の確保

個人にとっても政府や企業にとっても、これらの動機から生まれる節約の気風は美徳と信じられている。この点は現在の日本でもまったく同じである。しかし、それが強すぎれば、金融資産をためる欲求が高まって将来の消費に結びつかない貯蓄が生まれ、需要不足の幅を広げる。不足を埋めるには投資に頼るしかないが、企業の決める投資は人々の貯蓄行動とは独立であるから需要不足を解消しない。これがケインズの主張である。

さらにケインズは、貯蓄を有利にすると思われる利子の上昇が、実際には貯蓄を減らしてしまうと言う。もし利子が上昇すれば、人々がますます貯蓄しようと消費を減らす一方で、企業にとっては資金の借り入れコストが上昇するから投資が不利になる。その結果、消費も投資も減少し、失業が増えて所得が下がるから、人々は貯蓄すらできなくなる。このように、個々人が貯蓄を増やそうとすればするほど、かえって実際の貯蓄は減ってしまう。節約の美徳は報酬をもたらさず、懲罰をもたらすのである（p.111）。本当に貯蓄を増やしたいなら、消費や投資を増やして経済活動を引き上げ、所得を増やさなければならない。

需要不足があれば害悪でしかない節約の美徳は、もし利子率が常に完全雇用を実現するように調整されているなら、報酬をもたらす。完全雇用が保証されていれば、消費が少ないほど投資に回すことのできる物やサービスが増え、資本設備がより多く蓄積されて経済は高成長を遂げる。つまり、新古典派が節約を美徳とするのは、常に完全雇用が成立する状況しか考えていないからである。

乗数効果

それでは、企業が将来の収益予想を上方修正するなどの理由で投資を自律的に増やしたら、人々の所得はどうなるか。この疑問に対してケインズは、カーン（R. F. Kahn, 1931）が示した乗数理論を使って答えた。

投資が増えれば、その分だけ物が多く売れるから、人々の受け取る所得が増えて消費も増える。したがって、この時点で消費への波及効果分だけ、当初の投資の増加分より大きな需要が生まれる。波及効果はこれにとどまらない。波及的に増えた消費も新たな所得増加をもたらすから、それが二次的な消費増大を生む。さらに、それは三次的四次的波及効果を生み出し、結局は当初の投資の増加分をはるかに超える所得の増大を生み出す。これが乗数効果である。この効果は、人々が所得増加分から消費に回す割合が高いほど大きくなる。その場合、各段階での所得増加によって生まれる消費の増加量が大きくなって、需要への波及効果が拡大するからである。

乗数効果は、完全雇用が達成されればなくなってしまう。それ以上、所得が増える余地はないからである。このとき無理に投資を増やせば、総需要が総生産能力を超えてしまうため、所得が増大できないまま、物価だけが限りなく上昇する真性インフレーションが起こる。

真性インフレーションが続くというケインズの結論は、消費が所得だけに依存するという消費関数の仮定に決定的に依存している。もし消費関数を仮定せず、新古典派のように消費が貨幣の実質量にも依存する（実質残高効果）と考えるなら、インフレが続けば貨幣の実質量が縮小して消費が減る。この過程は総需要が減少して生産能力の水準に落ち着くまで続くから、結局、当初の投資の増大分だけ消費が減ることになる。この現象はクラウディング・アウトと呼ばれている。

しかし、消費関数を前提とすれば、物価上昇にともなう消費への抑圧効果は考慮されないから、物価がいくら上昇しても総需要が生産能力を超えたままになり、インフレが続くという結論になる。このことは、需要不足の場合には、物価が下がり続けて実質貨幣量が増えても消費が伸びず、そのため需要不足の状態が続くというケインズ的不況の裏返しである。

公共事業のすすめ

乗数効果は、企業投資の自律的増大だけでなく、政府が行う公共事業によっても発生する。そのためケインズは、不況の緩和には財政出動が効果的であると主張する。

ここでケインズは、公共事業に関するいくつかのマイナス効果も指摘している。それには、政府が資金を取ってしまうことによる利子率の上昇が民間投資を圧縮する効果、悲観論の広がりが消費を減らして貨幣保有願望（流動性選好）を高め、利子率を上昇させ収益予想を悪化させて民間投資を引き下げる効果、公共事業による需要増加の一部が外国の雇用に流れる効果、消費が増えていくことによって徐々に限界消費性向が下がる効果、豊かな階層の企業家がもうかることによる社会全体の平均的な消費性向の減少効果、失業が減ることによって公債でまかなわれる失業手当の支払いが減少する効果などがある。このようにケインズは、政府支出によるクラウディング・アウト効果や将来不安、あるいは再分配が消費性向に及ぼす効果などについても言及している。しかし、これらの効果は副次的であり、乗数効果による所得増加を変えるほどではないと考えている。

以上の議論では、公共事業の中身については何も語っていない。それでは、無駄な公共事業でもいいのか。これに対するケインズの答えは次の通りである（pp.128-129）。もちろん、住宅建設などのように少しでも役に立つ方がいい。しかし、たとえ無駄で失業手当を節約するためだけに行われるようなものであっても、乗数効果による所得増大効果があるから、やらないよりは意味がある。そのことは、人々が、失業しているよりはある程度働いていた方が幸せだと思うような状況では、なおさらである。そのため、ピラミッド建設や地震や戦争でも、穴を掘って埋めるような公共事業でも、失業を放置して失業手当を払うよりはよい。

このようなケインズの主張は次のようにまとめられよう。すなわち、個人を金持ちにする方法は節約だが、それを国家に当てはめると経済全体ではかえって貧しくなる。国家は貨幣を節約することではなく、貨幣の使い道を考えるべきであり、それこそが国家を豊かにする。

失業手当か公共事業か

しかし、本当に無駄なものであっても、失業手当より公共事業の方がいいのか。乗数効果は消費関数を前提として、所得が増えればそこから消費に回される額も増えるという性質だけを使って議論されており、受け取る所得の形態は問わない。それなら失業手当でも無駄な公共事業でも、同じ額の所得を受け取るかぎり、消費への波及効果は同じはずであろう。

このような疑問に対して、公共事業の優位性が次のように説明される。公共事業なら当初にその事業のための需要を作り出すが、失業手当なら、当初、何も需要を作り出さずに失業者に資金を渡すだけである。そのため、当初の需要創出分だけ、公共事業の方が所得増大効果は大きいというものである。しかし、よく考えてみれば、その差は何もないことがわかる。

このことを論証するために、はじめに、人手しかいらない公共事業、たとえば駐車監視員や警備員などの事業を例にして考えてみよう。そのときには警備員に給料を渡すだけで他に需要はなく、警備員はもらった給料の一部を消費に回し、それが次々と新たな消費増加をもたらす乗数効果が起こるはずである。しかし、これが起こるなら、まったく同じことが警備の仕事をさせずに同額の失業手当を支払うだけでも起こる。つまり、どのような名目で貨幣を受け取ろうが、同額をもらうという点では同じだから、そのあとの波及効果も同じである。失業手当との差があるとすれば、消費への波及効果は同じで警備の仕事ができたかできないか、あるいは駐車違反が取り締まられたか否かという点だけである。したがって、便益を生まないまったく無駄な公共事業なら、失業手当と何ら変わりはない。

それでは、人手だけでなく物を購入する公共事業、たとえば河川の護岸工事や建物のように、コンクリートと人件費の両方が必要な場合はどうか。実は、これでもまったく同じである。人件費の部分については警備員の場合と同じであるから議論を省略し、コンクリート代の効果のみに注目しよう。コンクリート代を払うということは、コンクリート製造に関わった業者、すなわちコンクリートの原料である砂利や石灰石を掘り出し、運び、袋詰めにする人たちに給料を支払うということであり、山や河川に埋もれていた砂利や石灰石が地上に掘り出されること以外は、彼らに失業手当を払うのとまったく同じである。

これを警備員事業と比較すれば、一方は警備の仕事というサービスが提供され、他方はコンクリート製の構造物ができるという点が違うだけである。したがって、できた構造物がまったく無駄であれば、失業手当と同じである。しかし、少しでも役に立つ構造物であれば、その方が失業手当よりよい。これと同じことは機械を使う事業でも成り立つ。機械もコンクリートも人による付加価値の塊であるから、これらを購入することは、製造に関わった人々に失業手当を支払うのとまったく同じなのである。

もちろん、これまで他の仕事をしていた人たちが、公共事業関連の仕事に回ることもあろう。しかし、それでも、彼らがそれまでやっていた仕事が空席になって、そこに仕事のなかった人が就けるから、その人たちに失業手当を払うのと同じである。このように、非自発的失業があるかぎり、公共事業関連の支出は、それまで失業していた人に払われようが仕事をしていた人に払われようが、失業手当の支出と同じなのである。

以上の議論から、失業手当を払うよりも、災害でも戦争でもいいから、無駄でも公共事業をやった方がいいというケインズの発言は、ケインズ自身の示した消費関数を前提にしても間違っていることがわかる。無駄な事業であれば失業手当と同じなのである。

それでは、新古典派の言うように、公共事業はできるだけやめて小さな政府を目指すべきなのだろうか。実は、それも間違っている。資金の流れは失業手当の支払いと同じだが、公共事業なら社会資本や公共サービスなど、少しでも役に立つ何かができる。したがって、その便益分だけは、何もさせずに失業手当を払うよりよい。

乗数効果は起こり得ない

前項では、公共事業で価値のない物を作るなら、失業させたまま失業手当を払うのと同一であることを論証した。ここでは議論をもう一歩進め、二つの政策は景気に対して同じ波及効果を持つだけでなく、効果自体がゼロで、景気拡大効果も景気圧縮効果もないということを論証しよう。乗数効果とは、失業手当や公共事業のプラスの効果だけに注目し、それらに必要な財政資金の調達によるマイナス効果を無視したものなのである。

　図11を見ながら、このことを考えてみよう。まず、財政資金を赤字国債ではなく、すべて社会保険料や増税でまかなう場合（均衡財政）を考えよう。このとき、失業手当とは、国民から一定額を失業保険や税金で取って、同じ額を手当として支払うことを意味する。すなわち、図11における破線にそって資金が空回りしているだけである。これによって所得の分配は変わるが、国民全体が受け取る純額は、同じ額を支払ってそのまま返してもらうだけだから差し引きゼロである。そのため、経済全体での消費が増えるわけがない。

　このことは手当の額によらない。つまり、均衡財政のもとでは失業手当をいくら支払っても、一切支払わなくても、いずれも乗数効果は働かないのである。

　他方、公共事業の場合の資金の動きは、図11に

図11　政府と民間の資金の流れ

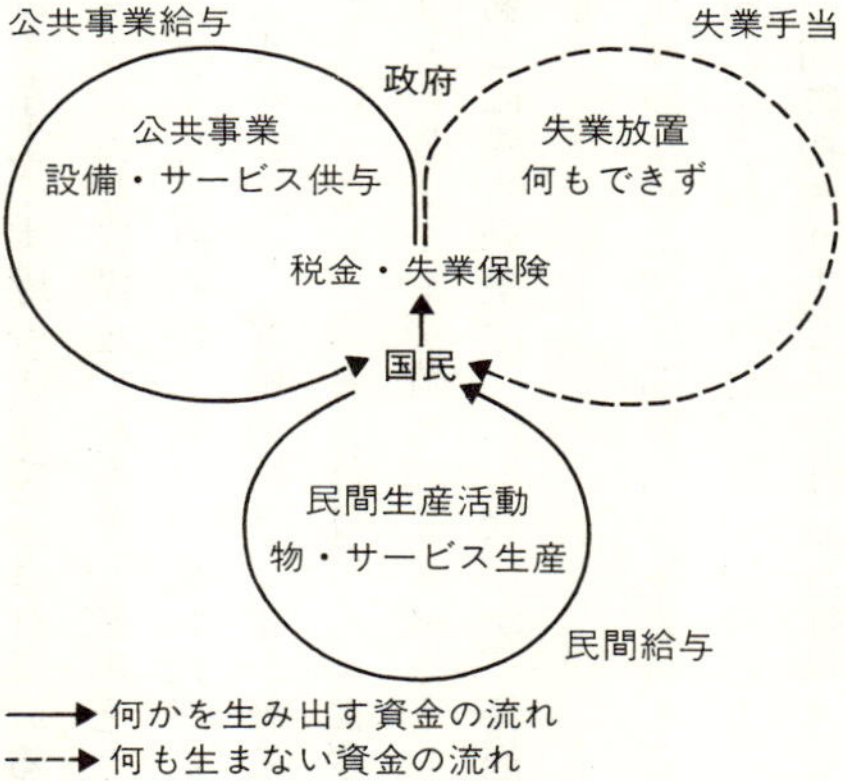

おける左上の実線の矢印で示されている。つまり、税金で取られた資金は政府を経由し、そのまま公共事業関連の給与や手数料として国民に支払われる。その間、警備員サービスや箱物などが生まれるが、資金の流れだけに注目すれば失業手当と同じであり、給料袋に失業手当と書かれるか、警備員給与と書かれるか、工事手数料と書かれるか、という名目上の違いしかない。また、資金自体ははじめに税金や社会保険料で吸い上げられたものであるから、いずれの政策でも消費は増えも減りもしない。そのため、事業の中身も含めすべてを合計したあとに残る効果は、何もないか、警備サービスが提供されたか、箱物ができたか、だけである。

比較のために、民間取引で生まれる資金の流れも見ておこう。図11の下部にある円を描く矢印に示されるように、この場合にも、資金は国民から支払われ国民の懐に入るだけだが、その間に物やサービスが作られ提供される。このように、失業手当も公共事業も民間取引も、一定額の資金が国民から支払われて国民に入るだけであり、違いはその過程で何も生み出さないか、何かが生み出されたか、という点だけである。民間取引の場合、その価値は必ず支払額に見合ったものであり、そうでなければ取引は成立しないから、支払われた資金の額（総支出）を見さえすれば、国民が受け取る所得（国民所得）もわかるし、生み出され享受された物やサービスの価値（総生産）もわかる。

この性質は、政府経由の資金の流れにおいては必ずしも成立しない。流れる資金の量と作られる物の価値が一致する保証はなく、それでも資金は流れてしまうからである。そのため公共事業について、投入資金に見合わない価値の事業が多いから、できるだけ減らして民間に任すべきだという声が多く聞かれる。しかし、民間に任すだけでは資金が流れないから不況になり、使われない労働力という無駄が発生する。そのとき公共事業で労働力を使っても、他の生産は阻害されないから社会的にはコストにならず、支出金額は失業者への再分配の規模を表すだけである。したがって、警備サービスでも箱物でも、できたものに少しでも価値があれば失業放置よりはよい。

また、特に箱物公共事業に対する批判に、作ったあとの維持費も考慮しなければ本当のコストはわからない、というものがある。しかし、すでに明らかにしたように、何も作らない公共事業は失業手当と同じである。そのため、維持という公共事業にともなう資金の流れも単なる再分配であって、社会的には損にも得にもならない。さらに、維持された設備によって少しでも便益を享受する人がいれば、その分だけプラスになる。

国民経済計算の欠陥

マクロ経済学の教科書には、均衡財政乗数は一であるという命題がある。[註6] この命題は最初にホーベルモー（T. Haavelmo）によって明確に述べられたため、ホーベルモーの均衡予算定理とも呼ばれる。その意味は、「資金を増税でまかなう公共事業にはちょうどその支出規模だけの所得増大効果がある」ということである。しかし、これまでの議論で明らかにしたように、公共事業には波及効果がないというだけでなく、当初の公共事業支出の効果も失業手当の支払いと同じで再分配でしかない。したがって、この命題を「財政支出分だけは所得の増加があるから経済的に見て望ましい」と理解してはならない。[註7]

公共事業を行えば、国民経済計算上では公共事業の給与や手数料として支払われた分だけ所得が増える。したがって、財政投入額とそれによって生まれる名目的な所得の受取額との比率を乗数と定義するなら、確かに均衡財政乗数は一となる。しかし、それを計算しても実質的な意味はなく、意味があるのは事業そのものによって直接生み出された価値だけである。

このことを例を使って確認しよう。民間活動による国民所得が五〇〇兆円である国の政府が、税金を五〇兆円集め、公共事業として警備員を雇って五〇兆円を支払ったとしよう。そのとき、国民経済計算上の所得は五五〇兆円となって、公共事業費分の五〇兆円だけ増えている。これが「均衡財政乗数＝一」の意味である。しかし、これをとらえて所得が増えたから望ましいということにはならない。国民は五〇兆円だけ税金を支払い、五〇兆円の警備員給与をもらうだけで、使える純額は増えも減りもしないからである。そのため消費への波及効果はなく、警備サービスが新たに提供されるだけである。それなのに、政府が財政出動を行う場合には、国民経済計算上の見かけの所得増加を示してその成果を強調するし、それを批判する側も、その値が低いから効果が薄いという議論を展開する。しかし、この値に実質的な意味はないのである。

意味のある乗数とは、国民が実際に受け取った価値への効果であり、それなら警備サービスの価値で計算するしかない。その価値が投入額の五〇兆円に等しければ、国民は民間活動で作り出した五〇〇兆円分の価値と加えて合計五五〇兆円の価値を手に入れるから、価値の意味での均衡財政乗数も一である。しかし、その価値が一〇兆円なら合計価値は五一〇兆円となって投入額の五分の一しか増えないから、乗数は〇・二である。さらに、まったく無駄な物であるなら価値の意味でゼロであるから、乗数もゼロになる。このように、国民が実際に受け取る便益として意味のある国民経済計算を行うには、政府事業に関わる計算を現在のように投入額で代替するのではなく、実際にできた物やサービスの価値を推計して測るしかない。

しかし、それでも構造改革派の言うように、投入額より小さい価値しか生まないからやるだけ損、ということにはならない。すべてのコストを差し引いたあとでも、できた物自体の価値は加わるから、少しでも役に立つ物やサービスならやった方がよい。不況で非自発的失業が発生し設備や労働が余っていれば、それらを使っても失う物はないからである。

なお、以上の性質は、非自発的失業があるという前提のもとで成立していることを忘れてはならない。完全雇用が成立しているときには、政府が五〇兆円を支出して民間で働いていた人を雇えば、民間の生み出す価値は五〇兆円分だけ減ってしまう。そのため、政府が一〇兆円の価値の設備やサービスしか提供しなければ、経済全体で四〇兆円分の損害がある。このとき現行の国民経済計算では、政府事業による所得を投入額の五〇兆円で計上するため、見かけ上、民間活動の減少分だけ政府活動が補うことになって、国民所得の増減はなくなる。しかし、実際に生み出された価値の一〇兆円だけを計上すれば、国民経済計算上でも四〇兆円減少するから、無駄な分の損害が統計上にも明確に現れる。

このように、政府の生み出す所得を投入額ではなく、できた物やサービスの価値で測れば、不況期にはその分だけ国民の享受する価値が増えたことを、また、完全雇用期には政府が民間より効率の悪い事業をした場合に発生する損害を正しく反映した国民経済計算になる。

註6　たとえばスティグリッツ（J. E. Stiglitz, 1997, 日本語版 pp.381-383）を見よ。
註7　以下の議論に基づいて教科書での乗数効果の記述を書き直す方法については小野（2006）を参照せよ。

赤字公債と乗数効果

財政支出をすべて税金でまかなう均衡財政では消費への波及効果はないということは、ケインズ自身も気づいていたようで、失業手当や公共事業に必要な財政資金について、公債支出を持ち出す。公債支出とは、赤字国債で資金を調達して財政支出を行うことであり、それなら取りあえずは課税による負担がないため、マイナスの効果がないと考えている。

確かに、公債を発行すればそのときには税負担はない。しかし、将来、必ずその分の増税が必要になる。つまり、財政資金をいま増税で取り立てようが、それを将来に延ばした上で取り立てようが、国民の生涯設計に違いをもたらさない（リカードによる公債の中立命題）。したがって、公債支出でも均衡財政でも、財政支出の効果は同じである。

このことを無視したケインズの議論には、現在から将来にわたる購買力の出入りを考慮した動学的予算方程式の発想がない。そのため、消費関数が財政政策や将来所得の期待にも依存すると述べてはいるが、それがどのように依存するかについて注意深く検討せず、単にそのときの所得に依存するという性質だけに注目して、乗数理論を展開してしまった。しかし、財政政策や将来の所得予想と消費との因果関係を注意深く考えてみれば、公債支出であっても、消費への波及効果が働くはずのないことがわかる。

ケインズの議論は、国民はいま税金を取られなければ、財政赤字がたまって将来同規模の負担があることが明らかでも気にもしない、と仮定しているのに等しい（財政錯覚）。しかし、政府の財政赤字が大問題となっている現在の日本で、財政拡大による乗数効果がほとんど働かなかったことを考えれば、国民はそれほど愚かではないことがわかる。

結局、均衡財政でも赤字公債でも、また失業手当でも駐車監視員でも箱物公共事業でも、いずれも乗数効果など働かない。その効果は、作った物やサービスそれ自体の価値がどれだけかに尽きる。ケインズの不幸は、彼の不況理論が、予算制約を考えれば働くはずのない乗数効果と不可分に広まっていったことにある。

実際、ほとんどの学部レベルのマクロ経済学の教科書には、いまだに乗数効果がケインズ理論の中心として解説されている。また、大学院では、それに対して論理的整合性がないと批判し、それを理由に需要不足の可能性まで否定している。そのため構造改革派によって、財政政策そのものの意義が、単に消費への波及効果は働かないということ以上に過小評価され、公共事業は常に民間基準で行うべきという誤った主張がなされることになった。

しかし、乗数効果と需要不足とは別物であり、現実に需要不足が起こる以上、消費関数に頼らずに需要不足を説明し、その場合の公共事業の本当の意義を考えなければならない。ケインズの乗数理論も、構造改革派の財政支出批判も、いずれも正しくないのである。

金の採掘がもたらす景気効果

乗数効果の解説を締めくくるに当たり、ケインズは需要不足を論証するためのヒントとなる大変重要なことを述べている。当時採用されていた金本位制を前提に、不況時の投資形態としては金採掘がよい、という記述である（p.130）。

住宅などの建設でもそれを作り続ければ、結局は必要がなくなって中止される。鉄道でもそうである。ところが、金はいくら採掘されてもそれに対する欲求は下がらない。その理由は金が貨幣として使用されるからである。そのためいくら採掘しても収益が保証され、いつまでも採掘が続けられて雇用を作り出すことができる。さらに、金が増えることによって貨幣供給が増え利子率が下がれば、投資が増えるという効果も期待できる。

ケインズはこれ以上論じていないが、実は、金の持つこのような貨幣としての性質こそが需要不足を生み出す原因ともなる。その性質とは、それに対する人々の欲望が減少せず、そのためいくらでも欲しくなるということである。ここではケインズはこの性質を肯定的にとらえているが、まさにこれがあるからこそ、人々はいくら貨幣を保有してもまだ欲しいと思って購買力を貨幣蓄積につぎ込み、物への需要が不足するのである。このことは、貨幣を増やすのに労働力を投入する必要のない管理通貨制度を前提にすれば、一層明らかであろう。

このように、消費と貨幣保有との選択において、貨幣への欲望が止まらずに消費需要を抑えてしまうと考えれば、消費関数を導入することなく消費の限界を説明することができる。しかし、次章で示すように、ケインズは貨幣のこの性質をもっぱら投資需要への抑制効果と結びつけ、消費需要とは結びつけなかった。そのため消費の限界については、あとあと新古典派からの批判の対象ともなる消費関数に固執することになり、乗数効果という論理的にもあり得ない効果へと議論を導いてしまったのである。

第3章　利子と貨幣

1　投資の決定要因【第一一章・第一二章】

彼ら（プロの投資家）は、個々の投資物件の価値を評価するのに、それを「いつまでも」保有することを前提にはしない。三ヶ月後や一年後に、群集心理に左右されながら、市場がそれをどう評価するか、この点にこそ関心がある（pp.154-155）。

何が投資を決定するか

前章では、需要不足による不況のメカニズムを主に消費不足の側面から考えてきた。そこでは、所得（＝総生産）の一部しか消費に回さないから、消費だけでは需要は不足するというケインズ体系の持つ特徴が明らかになった。その不足分を埋めるもう一つの需要の要素が投資である。

投資の量は投資資金の調達費用である利子率に依存し、その利子率は、貨幣の実質量や人々の流動性選好に大きく左右される。したがって、投資不足を説明して需要不足による不況の理論を完結するためには、利子と貨幣の性質、およびそれらと投資との関係についての分析が不可欠である。

これについてケインズは、まず第一一章において、利子率と投資の収益性との関係を論じている。投資とは、資金を借りて資材を購入し、資本設備を拡充して将来の生産量を増やし、収益を増大させることである。企業がある量の投資を選択したとき、投資をさらに増やすことによって見込まれる将来収益の拡大が、投資資金の利子負担増を超えていれば、投資を増やした方が有利である。しかし、投資を増やし続ければ効率が下がり、将来見込まれる収益の拡大が減少してくる。こうして将来の収益増が資金負担増と一致したとき、それ以上の投資拡大は損になる。このときの投資量が企業の選択する最適量となる。

また、投資の収益を手にするのは将来時点であって、そのときの物価は投資時点とは異なる。物価が上昇していれば、生産物を高く売って多くの金額を手にすることができるから、その分、投資資金の利子負担は軽減される。反対に物価が下落していれば、同じ量を売っても手にする金額が減ってしまうから、負担が増える。つまり、投資の量を決めるさいに費用として考慮すべき投資資金の利子率は、名目利子率から物価上昇率を差し引いた（物価下落率を加えた）実質利子率であり、それが低ければ投資が増え、高ければ投資は控えられる（第1章第2節を参照）。

さらに、投資によっていくら生産能力を拡大しても、自分の作った物やサービスがあまり売れなければ収益は見込めないから、投資は増えない。ケインズは特にこの点を強調し、長期期待の状態が投資に与える影響を分析している。ここで長期期待とは、消費者の嗜好《しこう》の変化、需要の変化、貨幣賃金の変化など、将来の収益を決める要素に関する期待である。投資はそれら長期期待の状態とそれに関する確信の度合いに依存する。

長期期待の形成

それでは、将来収益に関する長期期待はどのように決まってくるのか。将来のことはだれにもわからないが、少なくともその目的が企業の将来収益を正しく知ることであるなら、投資を効率的なものに近づける助けになる。ケインズはこのことに疑いを持ち、発達した株式市場を持つ経済での長期期待の目的とは、もはや将来の企業収益を正確に予想することではなく、株価上昇による短期的なもうけのために、皆が将来についてどう思っているかを探ることだと言う。

株式市場が発達する前の個人企業の時代には、投資とは、やり直しができない行為であった。一度投資してしまえば投資家は将来にわたって設備を保有し、そこから得られる収益に頼らなければならない。そのため将来予想は、純粋に将来の収益がどうなるかということに向けられた。

しかし、株式市場が発達すると所有と経営の分離が進み、企業の所有者である株主は投資や生産に関する決定には直接関与せず、経営者に任せるようになる。また、資本の所有権が流動化して株式の形で自由に売買され、その価値が常に再評価されるから、将来まで待たなくても、将来収益を見込んだ利益をいま手にすることができる。そのため、将来どれだけの収益が得られるかではなく、多くの人々が現時点でどのような見通しを持ち、それによってどのような株価がつくかということの方が、ずっと重要になったのである。これについてケインズは、美人投票において自分はどの人がもっとも美しいと思うかではなく、多くの人がだれをもっとも美しいと投票するかを予想するようなものであると言う（p.156）。

もちろん、既存の株式を売買したところでその資金が企業に入るわけではなく、株式を売った者と買った者との間の単なる資金の移動にすぎないということは、ケインズも十分承知している。さらに、株価の形成とは、現存する資本の価値を再評価するだけで、新規投資の評価をしているわけではない。だがそれによって株価が決まれば、企業が類似の新規投資を考えるさいの将来収益予想にも大きな影響を与える。

問題は、株式の価格付けが長期的な視野に立って行われるのではなく、美人投票のように行われることにある。投資家の多くは素人で、うわさなどに大きく左右される。さらに、すぐれた投資家とは、収益に関する長期的な予想を正確に行う者ではなく、人を出し抜いて利益をかすめ取ることに長《た》けた者である。そのため、目先の株式売買による利益が主要関心事となって、遠い将来については消極的になり、実物投資を抑制してしまう。

このように、株式市場の発達による投資の流動化は、一方では貨幣に流れそうな人々の資産を資本購入に向けさせるから、新たな投資を促進する。しかし他方では、投資家に資本が生み出す将来収益ではなく、その場かぎりの株式売買によるもうけを狙《ねら》うように促し、投資に関して合理的計算よりも血気、神経過敏、ヒステリー性が影響する事態を招く。そのため、投資が本来の収益性よりも大衆心理の付和雷同に影響を受けて不安定になり、ときには抑圧されることにもなる。このような状況で不安が市場に広がれば、人々は投資を減らして貨幣をただ保有するだけになるから、投資が減って総需要を引き下げ、不況を生み出す。

政府介入の必要性

このような事態に対してケインズは、政府介入の必要性を訴える。民間は合理的計算よりも血気に左右されるが、政府はもうけを考えないからこうした雑念から離れ、大衆の付和雷同に左右されることなく、必要な投資を安定的に続けることができる。したがって、政府に期待されるのは、目先の収益性にとらわれずに公共投資を着実に進めるとともに、政府金融を充実して民間投資を積極的に刺激することである。

これに対して新古典派は、民間投資家は将来収益を正しく予想すると考える。もし将来が正しく予想され、将来収益に関する人々の意見も一致しているなら、大衆の付和雷同が入り込む余地はない。そうであれば政府は民間の邪魔をしない方がよいし、政府金融で民間の投資活動を歪《ゆが》めない方がよい。

このような文脈においてケインズと新古典派とを分けるのは、民間よりも政府の方が将来を見据える能力があるのか、また、大衆の意見に左右されにくいか、という点である。ケインズはいずれの点でも政府の能力を信頼している。しかし、将来の予測能力について言えば、現実にはとても政府の方がすぐれているとは思えず、このような対比では、到底、新古典派を説得できない。

さらに、どちらが大衆の意見に流されやすいかについても、民間よりは政府であると言えよう。実際、平成不況下の日本において、大衆の不満のはけ口となった金融部門、建設業界、公的部門、民間投資などに対して、政府が超然としてそれらを維持することの重要性を表明し支援し続ける、などということは決してなかった。それどころか、構造改革の名のもとに、かえって大衆の不満を煽《あお》りながらそれを利用し、大衆の先頭に立って公共投資を縮小し、企業の整理倒産を促し、不良債権処理と称して銀行の貸し渋りをもたらし、政府金融の整理縮小を叫んで民間投資を圧縮したのは、民間投資家ではなく政府であった。

ケインズは、さらにプロの投資家の行動を次のように皮肉っている。大衆と違うことをすれば責任をかぶる。大衆と同じことをして失敗すれば、仕方がなかったと言いわけができる。そのため、慣行にしたがわないで成功するよりは慣行にしたがって失敗した方がまだよいと考える（p.158）。

これとまったく同じことはプロの投資家について以上に、政府について言える。政府には、ケインズの期待するような能力も気概も自信もない。そういう政府が自己を正当化して国民からの支持を得るためには、一見わかりやすい構造改革の方がずっと楽なのである。またそうでなければ民主主義は成り立たない。

人々に対する慈愛と先見性に満ちた神のような存在が政府を動かしているならともかく、現実には普通の自己愛と欲望を持つ生身の人間である政治家たちによって運営されている。そういった普通の人間が自己を過信し暴走する方が、無分別な大衆迎合よりもさらに危険であることは言うまでもない。新古典派は、ケインズ政策が民間よりも能力の高い政府の存在を前提としている点を批判し、現実にはそうではないから民間に任せるべきだと主張しており、その点では当たっている。

したがって、政府の介入を正当化するためには、政府がたとえ民間の投資家と同じ程度の予測能力しかなく、同じように大衆の意見に影響されようとも、政府が民間に任すだけでは不足する投資を補うことに意義がある、ということを論証しなければならない。その論証はすでに第2章で詳しく示したように、需要不足による失業があれば可能である。

すなわち、非自発的失業が存在していれば、資金を税金でまかなおうが赤字国債でまかなおうが、公共事業を行った場合のすべての費用や便益および波及効果を考慮したあとに残る価値とは、その事業で作った物や提供されたサービスそのものの価値である。一〇〇万円の税金を集め、それまで活用されていなかった余剰労働力を使って作られた社会資本は、たとえそれが五〇万円分の価値しか持たなくても、その分が純粋な便益として残る。投資主体が民間であれば、一〇〇万円を使って五〇万円の価値しか作れないなら、差し引き五〇万円の赤字となるから、その事業は決して行われない。しかし、社会的にはその事業はやった方が効率面でよい。そのため政府の介入が必要なのである。

つまり、予測能力が同じでも、自分の利益しか考えない民間と国全体の利益を考えるべき政府とでは、便益の計算方法が違う。このことを考慮した上の純粋に技術的な理由から、公共事業が支持されるのである。

2　何が利子を決めるのか【第一三章〜第一六章】

個人にとって貯蓄とは、きょうは夕食をとらないという決定を意味する。しかし、それは一週間後や一年後に夕食をとるとか、靴を一足買うとか、特定の日に特定の物を消費するとかいう決定をともなうわけではない。（中略）それは、単に現在の消費需要が減るということだけを意味する（p.210）。

時間選好と流動性選好

将来収益に関する長期期待と並んで投資を左右する要素に、投資費用としての利子率がある。新古典派は、貯蓄と投資が利子率に依存して決められ、利子率はこの二つが一致するように決められると考える。

貯蓄とは、いま消費するのを我慢し、将来消費するために資産としてとっておくことである。そうすれば利子収入が得られて、将来多く消費できるから、利子率とは待つことの我慢に対する報酬であって、「時間選好」を表している。また、重要なのは将来どのくらい余分に消費できるかという物の量で測った値であるから、利子率は実質利子率によって測られる。この報酬が少なければ貯蓄は減って、多ければ増える。他方、投資は実質利子率が低ければ借り入れコストが下がるから増えて、高ければ減る。実質利子率は、このような貯蓄と投資が一致するように決まり、このことは、所得（＝総生産）のうち消費されなかった分（すなわち貯蓄）がすべて投資に回ることを意味するから、総需要が不足するはずがない（第2章の図9参照）。これが、新古典派の考える経済である。

そこでは、人々の将来消費への欲求が高まって貯蓄が増えれば、そのまま投資の増大となるから、資本設備が拡大して、貯蓄の目的であった将来の消費増大に備えることになる。さらに、これらすべての実物変数の動きは貨幣量とは無関係であり、貨幣量は名目的な物価水準を決める働きしかない。

ケインズはこのような新古典派の主張を批判し、所有と経営が分離した資本主義経済では、個人の貯蓄行動は単に今日使うのをやめることであって、将来の特定の日に使うということではないと主張する（p.166）。貯蓄とは、富そのものに対する欲求、不特定のときに不特定の消費をするための可能性に対する欲求、すなわち「流動性選好」を満たすために行うものである。したがって、貯蓄を増やしても現在の消費を減らすだけで、将来の消費を増やす保証はまったくない。また、消費は消費関数にしたがって所得に依存して決まるから、所得のうちで消費されない部分である貯蓄も所得に依存して決まり、利子率には依存しない。

他方、投資は利子率と将来の収益予想で決まり、富を蓄積したいという貯蓄の欲求とは別物である。さらに、貯蓄を増やそうとして消費を減らせば、需要が減って将来の収益予想を悪化させるから、投資を減退させる効果すらある。すなわち、貯蓄の増加が投資の増加をもたらすという新古典派の考えとは反対に、ケインズは、貯蓄の増加が投資を減少させると考えているのである。

それでは、利子率は何によって決められるのか。ケインズは、利子率とは貨幣の持つ流動性を一定期間手放すことへの報酬であり、流動性選好を反映するものであると主張する。人々は自分の持っている資産を株式、債券、貨幣などに割り当てる。そのとき参考にするのは各資産の収益性や流動性である。貨幣は利子を生まないが、いつでもどこでも好きな物に交換できるという力、すなわち流動性サービスを提供する。ケインズはこのような流動性保有動機を取引動機、予備的動機、投機的動機などに分類して解説している。

このとき、貨幣の保有量を減らしてまで株式や債券を保有するということは、貨幣の持つ流動性を放棄することであり、その代償として株式や債券などの収益が必要になる。すなわち、貨幣を保有するのは流動性の効用が得られるからであり、収益資産を保有するのは、流動性放棄による効用減を補うだけの収益がもたらされるからである。ケインズは、貨幣保有を一単位増やすことによる流動性の効用の増大分を貨幣単位で測り、「流動性プレミアム」と呼ぶ。そのため利子率は、貯蓄や投資の動機とは独立に、資産市場において、流動性プレミアムと等しい水準に決められることになる。さらに企業は、この利子率に基づいて投資を決定するから、投資が貯蓄と一致する保証などまったくない。

流動性プレミアムが貨幣と収益資産との資産選択を反映しているということは、それが一般には貨幣量に依存するということでもある。貨幣保有量が増えていけば、流動性の効用増大分を表す流動性プレミアムが下がり、代わりに実物投資の方が有利になる。そのため、実物投資が拡大して雇用が増えるから、所得も伸びていく。不況期の金融緩和政策はこれに基づいている。

このようにケインズの考える世界では、貯蓄と投資が決めるものは所得水準であって利子率ではない。利子率は流動性選好と貨幣量が決めるものであり、その利子率が投資を決め、ひいては所得水準を決める。

物価固定性の二つの役割

しかし、資産市場での需給を調整する利子率は、投資と貯蓄を調整する実質利子率とは測り方が異なる。資産市場で決まる利子率は、一単位の貨幣保有を放棄することによる犠牲を表す流動性プレミアムであるから、貨幣で何パーセントかによって測る名目利子率である。他方、投資と貯蓄を調整する利子率とは実質利子率であり、実質利子率は名目利子率から物価変化率を差し引いたものである。そのため、名目利子率が貯蓄と投資の調整とは無関係であっても、それがそのまま貯蓄と投資との一致を阻むというケインズの論理が成り立つためには、物価の変化率がゼロで名目利子率と実質利子率が一致するという必要がある。

もし物価変化率を自由に動かすことができるなら、たとえ名目利子率が高止まりしても物価変化率を上昇させることによって実質利子率を引き下げ、投資を刺激して需要不足を解消することができる。そのとき、ケインズの利子率（名目利子率）も新古典派の利子率（実質利子率）も、完全雇用を維持しながら、それぞれ資産市場と貯蓄投資の調整を同時に達成するから、ケインズ的な流動性選好と新古典派的な時間選好とが整合的に満たされる。

物価の固定性が投資の伸びを阻む本質的な役割は、高止まりした名目利子率に実質利子率を一致させるという上記の性質だけではない。物価の絶対水準が高止まりして、実質貨幣量（＝名目貨幣量／物価水準）を低いままに抑えるという性質も大変重要である。需要不足によって物価水準が十分に下がって止まるなら、金額表示の貨幣量が同じでも実質貨幣量は拡大するから、名目利子率が下がり、それとともに実質利子率も下がって投資が刺激される。さらに、実質残高効果があれば消費も刺激される。

したがって、ケインズの説明を字義通り受け取れば、需要不足が起こるには物価の変化率がゼロであるとともに、その絶対水準が高いことが必要になる。そのため多くの経済学者によって、ケインズ・モデルは新古典派の枠組みに固定価格を導入したモデルにすぎないと理解されてしまう。しかし、物価調整が働けば消費や投資が増大して需要不足が解消されるという発想は、新古典派理論そのものである。ケインズはこれを批判して、まず所得や総需要が決まって経済活動水準を決定し、物価や貨幣賃金はその結果として決まってくるにすぎない、と主張したのではないのか。それなのに、ケインズ自身がこの性質を十分に論証しているとは言えず、それどころか、物価や貨幣賃金など、何らかの価格の固定性に決定的に依拠した議論を展開しているようにさえ見える。

このことから、ケインズ経済学は価格調整の終わっていない短期か、それらの調整を阻む何らかの要因がある場合の理論であって、それらが調整される長期には、新古典派理論が成り立つという考え方が主流となった。さらに、この考え方に基づいて現代のニュー・ケインジアンたちは、物価や賃金の固定性を合理的に説明することによって、所得の低下を分析しようとしている。しかし、物価や賃金が止まることが不況を起こすなら、第2章第1節で述べたように、非自発的失業がある場合の貨幣賃金と実質賃金の動きの逆転を説明することはできない。

名目利子率の下限

物価が十分に下がれば、実質貨幣量の増加によって流動性プレミアムと収益資産の名目利子率が下がり、実物投資が増えて需要不足が解消されるという可能性については、ケインズ自身も指摘している。その上で貨幣保有動機について検討し、実質貨幣量が増えても名目利子率はなかなか下がらないと主張する。たとえば、金融恐慌が発生すれば、人々は貨幣を手放さなくなる。そのため、貨幣を手放し流動性プレミアムを放棄することに対する報酬である収益資産の名目利子率は高止まりするから、投資も増えなくなる。これが名目利子率には下限が存在するという性質、すなわち「流動性の罠」である。

ケインズは、収益資産として、一定額の利払いを永久に保証する国債（コンソル公債）を考える。この債券の利子率が十分に低いということは、人々の貨幣保有願望が小さく、利子率が低くても債券を保有したいと思う場合であるから、債券価格は高くなる。さらに、これが極端に進んで債券利子率が非常に低くなれば、債券価格は非常に高くなる。このとき、利子率が少しでも上昇すれば債券価格は大幅に下落するから、人々は損害を恐れて債券を持たずに貨幣を保有しようとする。そのため、利子率はそこまで下がらず、高止まりするというわけである。

このように、債券価格の暴落不安のために一定水準以下には下がれない債券利子率と、気まぐれで高度に不安定な将来収益予想によって投資が抑えられるから、需要不足が持続する。これがケインズの主張である。

しかし、もし債券利子率が低くなって債券価格が上昇しても、その値が市場均衡を満たすもので何の問題もないということが人々にわかれば、利子率が大きく下がっても資産をすべて貨幣にしようとは思わないであろう。つまり、債券価格や利子率に関する情報の不完全性が問題だというなら、正しい情報がしっかり伝われば、利子率も十分に下がって投資不足はなくなるはずである。

新古典派はこの点に注目して情報の完全性を重視するのに対し、ケインズはそれに懐疑的である。ここでも、ケインズと新古典派を分けるものは、利子率という現在と将来をつなぐ価格が十分に調整されるか否か、というきわめて新古典派的な問題の立て方となっており、まず需要が不足しそのあとで価格も賃金も決まってくるという、本来のケインズ的な発想は影を潜めている。

情報の不完全性に起因する資産市場調整の不備が投資不足の原因であるという考え方は、ニュー・ケインジアンによる資産市場についての理論分析でも共通している。たとえば、スティグリッツとワイス（J. E. Stiglitz and A. Weiss, 1981）による研究では、貸し手が借り手に関する情報を十分に持っていないために、資金の割り当てが起こって投資が阻害されるという説明がなされている。

流動性の罠

利子の下限に関するケインズの説明の意味をもう少し丁寧に考えてみよう。ケインズの示した流動性の罠の理由を一言で表せば、利子が下がりすぎると人々は国債では価格が暴落する危険があると思うから、貨幣をいくらでも保有するということである。すなわち、利子の下限は流動性選好固有の性質が生み出すのではなく、国債保有に関わる危険が生み出していることになる。そうであれば、国債保有に不安があるから他に資産が向かうということはわかっても、それが特に貨幣に向かうということにはならない。たとえば、企業投資に不安があるわけではないから、企業への貸し出しに向かってもいいわけであり、それなら実物投資は増えていく。

したがって、流動性の罠による投資不足の説明を完結するためには、債券利子率とは独立に、流動性プレミアムとは何であり、貨幣の属性とどのように関わってくるかという、流動性の本質に迫る説明が必要である。その上で、貨幣がいくら増えても流動性選好が減らないという説明があれば、債券や他のすべての資産がそれに見合う魅力を維持できないから、貨幣が資産に回っていた購買力を飲み込んで、需要不足が起こると言える。

これについてケインズは、第一七章において詳細に議論している。しかし、後述するように第一七章は難解と言われ、後世の経済学者たちに無視されたまま、一見わかりやすい債券価格の暴落不安による流動性の罠の説明ばかりが強調された。その流れを引き継いで、人々が資産をどのような構成で保有するかについての研究（資産選択理論）でも、収益資産の収益と危険の要素ばかりが注目され、流動性の魅力に関する考察が行われなかった。そのため、流動性の罠は理論的に導出できなかったのである。

実際、流動性選好という概念を使わずに、債券の期待収益とリスクのみに注目して定式化したマーコヴィッツ（H. M. Markowitz）とトービン（J. Tobin）による資産選択理論や、そこから発達した現代の資本資産価格モデル（CAPM）では、流動性の罠は導出できない。[註8] また、無理に流動性の罠を議論しようとすれば、債券利子率の下限はゼロであるという当たり前のことだけを主張することになってしまう。[註9] これでは、単に債券利子率がマイナスなら債券を持っていても目減りするだけ損だと言っているにすぎず、貨幣への流動性選好そのものに関する考察ではない。

註８　これらの内容と理論的発展については大村（1999）に詳しく解説されている。
註９　クルーグマン（P. Krugman, 1998）など。

投資はいずれ消滅する

投資の伸び悩みを説明するために、ケインズは流動性の罠による流動性プレミアムと名目利子率の高止まりを提起した。しかし、投資の伸び悩みだけなら、流動性の罠を持ち出さなくても簡単に説明できる。投資が続いて資本が十分に蓄積されれば、新規投資はいずれ必要なくなってしまうからである。この点についてはケインズも新古典派も同じである。ただ、そうなったあとの経済に関する見方が、ケインズと新古典派ではまったく異なる。

ケインズは、資本が十分に蓄積された状態でも、人々の貯蓄意欲は残ると考える。貯蓄は投資を念頭にしたものではなく、不特定のときに不特定の消費ができる可能性への欲求、すなわち流動性保有の欲求を満たすために行われるからである。これでは何も買わないようにするだけであるから、消費が減ってしまう。また、資本が十分に蓄積されていれば投資が不利になるから、投資も十分に行われない。そのため、総需要が不足して雇用が減少し、所得が下がって貯蓄も減る。こうして最終的には、低下した所得に対応した貯蓄が、低水準の投資に一致するようになる。

すなわち、貯蓄をしたいと思えば思うほど、消費が減って雇用も所得も低下し、貯蓄も思うようにできないという悲惨な状態になる。このとき、資本は山ほどあるのに使われず、

「豊富のなかの貧困」が発生する。

新古典派はこうは考えない。貯蓄とは将来の消費のための準備であるから、投資機会がないほど資本設備があるなら、貯蓄などしない。好きなだけ働いて受け取った所得をすべて消費に回し、豊富な生産力の果実を享受して生活を楽しむだけである。この状態は人々が流動性選好を持っていても成立する。流動性選好によって貨幣をもっと保有しようと貯蓄をすれば、消費が減るからケインズの議論と同様に売れ残りが生じる。しかし、それなら物価が下がって人々の持つ貨幣の実質量が増えていく。その状態が続いて貨幣の実質量が十分に大きくなれば、それ以上貨幣保有を増やそうとは思わなくなるから貯蓄をしなくなって、すべての生産能力が消費に向けられることになる。

これら二つの見解を分けるのは、資本が十分に蓄積されたときでも貯蓄意欲が残るか残らないかという点であり、これは、消費に限界があるかないかということの裏返しである。ケインズは、消費関数を使うことによって、はじめから消費に限界があると仮定している。これに対して新古典派は、たとえ流動性選好があっても、物価の下落による実質貨幣量の拡大によってその欲求はすぐに満たされ、消費は生産能力の水準まで十分に伸びていくと考える。結局、いくらケインズが、流動性の罠が投資の限界を決めると言ったところで、それが同時に消費の限界をも決めることを説明しなければ、不況理論は完結しないのである。

利子生活者の消滅

ケインズは、資本を蓄積すればするほど投資が減って需要が不足し、所得が減ってしまうという性質から、資本の少ない国の方が多い国より所得が大きくなることもあり得ると主張する。さらに、資本がたくさんあって需要が不足気味の国では、たとえ無駄なものであっても投資を行った方が、所得を引き上げて経済的な幸福を拡大させるとまで言う(pp.219-220)。

これについては、すでに前章第3節で詳細に論証したように、投資が生み出す価値は実際にそれで作られた設備の価値だけであり、無駄な投資なら単なる再分配にすぎない。ケインズは、政策的な投資の必要性を強調するあまり、無駄な投資でもよいなどと言ってしまうから、特にその点がクローズアップされて、財政出動か緊縮財政かという金額だけの無意味な論争が繰り返されることになった。

しかし、ケインズ自身は役に立つ投資の方がよいとも言っているし、資本を増やすことが何らかの価値を生み出すかぎり、投資を続けるべきだとも言っている。その上で役に立つ投資機会がすべてなくなった状態を想定し、そのときには無駄でもいいから所得を増やすために投資を行うべきであると、つい言ってしまったのである。しかし、前述のように、それなら何もしないのと同じである。

非自発的失業がある場合、効率性から考えてどこまで投資を続けたらいいのか。これについてケインズは正しく理解していた。その答えは、投資による資本の拡大が何らかの役に立つかぎり、投資を続けるべきだというものである。住宅建設でも住みたい人がいないならやめるべきだが、いるかぎりは続けた方がよいし、道路や橋などの社会資本でも、環境が破壊されるだけならやめた方がいいが、その損害以上の便益をもたらすなら作るべきだという意味である。

こうした主張は、投資を行うための労働投入の費用が考慮されておらず、一見間違っているように見える。しかし、よく考えると、需要不足で労働力や生産能力が余っていれば、投資のために労働を投入しても、余った分を使うだけで社会的に失うものはないことに気づく。すなわち、労働投入のこともすべて考慮した上で、純粋に効率性という視点から、資本設備を拡大しても何の役にも立たなくなるまで蓄積することが望ましいのである。しかし、そこまでいけば投資の収益率はゼロになるから、投資資金を提供した者に利子が払えなくなる。そのとき利子収入で生活していた人々には、過去にためた資産から何の収益も生まれず、その資産を順次食いつぶす生活しか残されていない。ケインズは、この状態を「利子生活者の消滅」という過激な言葉で表現している（p.221）。

これに対して需要不足を考えない新古典派体系では、資本をそれがまったく無意味になるまで蓄積することは効率的ではない。完全雇用が成立していれば生産量は一定水準にとどまるから、投資をするにはその分だけ消費を減らさざるを得ない。このとき、投資によって将来可能となる消費の増大では、現在の消費減少による不満を補えないなら、投資をする意味がない。したがって、資本設備の拡大によって可能となる生産増加分が、将来の消費補償要求分と等しくなったとき、資本蓄積を止めるのがもっともよい。ケインズの言うように、資本拡大による生産増加分がゼロになるまで蓄積すれば、資本は過剰なのである。

このように、投資をどこまで続けるべきかに関するケインズと新古典派との主張の違いは、需要不足による非自発的失業があるかないかという想定の違いによって生まれ、その判断基準はいずれも純粋に効率性である。ケインズは、資本の収益率がゼロになって利子生活者が消滅するまで投資を続けるべきだとか、無駄であっても投資を行って失業者に仕事を与えるべきだとか言うから、豊かな階層が貧しい階層を助けるというような社会正義的な価値判断があるように聞こえてしまう。しかし、非自発的失業という前提条件さえ成立していれば、そのような倫理的要素を一切考慮せずに、効率面だけから見て、ケインズの主張は正しいのである。

3　貨幣の基本的性質と不況【第一七章・第一八章】

人々が、月が欲しいと思うから失業が発生してしまう。欲しい物（すなわち貨幣）が作ることのできない物であり、それに対する需要も簡単には抑えられないなら、雇用は増えていかないのである（p.235）。

難解で不可解な第一七章

流動性の罠による名目利子率の下限の存在と、それが投資不足を生んで需要不足を引き起こすメカニズムをさらに明らかにするために、ケインズは第一七章において、利子率の持ついろいろな属性と貨幣の基本的性質について、詳細な議論を展開している。しかし、この章は大変難解である上に、記述自体にも混乱がある。そのため、後世の多くの経済学者から正当に評価されず、流動性の罠に関する議論は第一六章での債券価格の暴落に関する議論でほとんど終わっていると考えられて、このような章はなくてもよかったとさえ言われている。[註10]

しかし、この章で展開される議論には、投資の限界のみならず、消費関数に頼らずに消費不足を説明するための重要なヒントが隠されている。ケインズ自身はこのことに気づかず、単に投資を止める利子率の下限の論証を補足し、強化するものと考えていたにすぎない。

本節では、ケインズの記述を振り返りながらその混乱を整理し、第一七章に隠されている消費を含めた需要不足のメカニズムへの道筋を示そう。

註10　たとえばハンセン（A. H. Hansen, 1953, p.159）は、この章は不明瞭《ふめいりょう》で、これがなくてもたいして失うものはない、とまで言い、カーン（R. F. Kahn, 1984, 日本語版 p.244）は、とりわけ難解な三つの章の一つにこの章を挙げている。

自己利子率と小麦利子率

利子という概念は、価格と同様いろいろな側面を持っている。市場で取引されるすべての物やサービスが別個の価格を持っているように、利子率もそれぞれの財やサービス、資産が固有に持っている。価格との違いは、すべての利子率が一致するように各市場で調整されているという点にある。一つでも利子率の高いものがあれば、それを購入することが有利であるから需要が集中するし、低ければ需要はなくなる。そうした利子を測るさいには貨幣を基準にするのがもっとも一般的である。そのことについてケインズは、貨幣の特殊性に深く根ざした明確な理由があると言う。

それを議論する前に、まずケインズは、すべての財や資産について、貨幣で測るのではなく、それ自身で測る利子率が存在することを指摘して「自己利子率」と呼んだ。しかし、自己利子率にもいろいろな側面があり、このことが混乱を招いて第一七章を大変難解なものにしている。以下では、この点を明確にしながら自己利子率の意味を考えてみよう。

自己利子率の第一の側面とは、現代の動学的マクロ経済学において「時間選好率」と呼ばれるものである。それを理解するための準備として、銀行の預金金利の意味を確認しておこう。それが年率一%であれば一〇〇万円を預けると一年後には一〇一万円になる。つまり、現在の一〇〇万円と一年後の一〇一万円が等価値ということである。この率は預金金利を貨幣単位で測ったものであるから、預金の名目利子率である。

これと同様にして、小麦の自己利子率を考えることができる（pp.222-223）。いま、一〇〇単位の小麦と交換してもいいと思う一年後の小麦の量が一〇五単位であるとしよう。つまり、小麦を手にするのを一年後まで我慢しろというなら、五単位分余計にもらえなければ受け入れられないということであり、このとき小麦利子率は五%である。この利子率は将来の小麦消費と比べた現在の小麦消費への選好の強さを表しているため、小麦消費に関する時間選好率である。また、一年間我慢するなら少しは余分にもらえなければ我慢できないということは、その時間選好率がプラスであることを意味している。

小麦を消費対象として考えた上記の利子率の他に、小麦を在庫投資の対象として考えた場合の小麦利子率も存在する。小麦を一年間倉庫に保管しておけば、一部が劣化して使い物にならなくなるし、倉庫の費用もかかる。したがって、そのときの小麦の収益率は、小麦の劣化分と倉庫の費用を小麦の量に換算して、それを小麦一単位当たりに直し、さらにそれにマイナスをつけた値、すなわち持越費用のマイナス値である（p.227）。

このように小麦利子率には、小麦を消費対象とした場合の現在と将来との価値の違いを表す時間選好率と、在庫投資の対象とした場合の持越費用とがあり、この二つはまったく別の概念である。ケインズの記述では、この二つが利子の異なる側面であることが不明確で、非常にわかりにくくなっている。その上、時間選好率を表す自己利子率については、ケインズのこのあとの議論では完全に無視されている。しかし、これこそが消費関数に頼らずに消費の限界を説明する上で、重要なヒントとなっていたはずなのである。

ケインズが議論しなかったこの二つの小麦利子率の相互関係を考えてみよう。人々が小麦をいま消費するか将来まで保管するかを選ぶ場合、それぞれの利子率を比較してより大きな方を選択する。すでに述べたように、いまの小麦消費を減らして将来まで我慢するなら、それに応じた見返りがなければ満足しないから、時間選好率は通常プラスである。他方、いま食べずに保管するなら、小麦が劣化して持越費用がかかるだけであるから、その利子率はマイナスである。この二つを比べれば、時間選好率の方が持越費用より必ず大きいから、小麦を一切保管せずにいま食べてしまった方がよい。

同様に、多くの消費財は非耐久財であって持越費用は非常に高い。生鮮食料品など数日で腐ってしまう。そのため、人々は保管を選ばず消費することだけを考える。そのとき、その消費財の自己利子率はケインズの言うような持越費用にマイナスをつけた値ではなく、時間選好率で測られる。それによって、いま消費するために購買力を使ってしまうか、購入せずに金融資産の形で保有して、将来その購買力を行使するかを比較することになるから、消費関数を使わずに消費と貯蓄の選択を説明することができる。しかし、ケインズはこれについては一切分析せず、第一七章の議論を投資の選択に関する分析に限定してしまったのである。

耐久財の自己利子率と流動性プレミアム

ケインズはさらに、住宅の自己利子率についても説明している。住宅は人に貸せば家賃としての収益が得られるし、自分で使えば家賃分に相当する便益がある。また、小麦と同様に住宅も劣化するから、維持費がかかる。そのため、住宅に投資した場合の純収益とは、家賃あるいは家賃相当の便益から維持費を差し引いた値である。これを住宅単位で測り、その値がもとの住宅全体に比べて何%であるかを測ったもの、これが住宅の自己利子率である。

これと同様の利子率は生産機械についても考えられる。機械を稼働すればそこから収益が得られるが、同時に劣化もしていく。いわゆる減価償却分である。機械利子率とは、このような収益から減価償却分を差し引いて計算される価値を機械何台分かで測り、それを機械一台当たりに直したものである。なお、生産機械は消費には使えないから、時間選好率に対応する機械の自己利子率はない。

最後に、貨幣の自己利子率がある。人々が貨幣を保有しても収益もなければ保管費用もかからない。それなら貨幣保有に何の意味もないかと言えば、そうではない。人々には流動性選好があるからである。流動性選好とは、不特定のときに不特定の用途に自由に使える可能性に対する欲求であり、人々はその欲求を満たすために貨幣を保有する。この欲求の程度を直接測ることはできないが、これこそが貨幣の自己利子率、すなわち流動性プレミアムである。ケインズの定義では、流動性プレミアムとは「いつでも自由に使えるという能力が生む便利さや安心のために、人々が支払ってよいと思う金額」である（p.226）。

この定義の意味についてもう少し解説しよう。流動性の保有額を増やして、いつでも自由に使えるという便益がどのくらい増加したかを貨幣単位で測るには、それと同じ効用増を生み出すのに必要な消費増加分を貨幣単位で測ればよい。「人々が支払ってよいと思う金額」とはまさにこのことである。経済学の用語を使えば、貨幣保有と消費の限界代替率がそれである。

自己利子率の多面性

ケインズは、各投資対象には収益率、持越費用、流動性プレミアムの三つの要素があり、自己利子率はそれらをすべて考慮した次の値で表されると言う（pp.226-227）。

自己利子率 ＝ 収益率 － 持越費用 ＋ 流動性プレミアム

このうち小麦は持越費用だけ、機械や住宅は収益率と持越費用だけ、貨幣は流動性プレミアムだけしかない。なお、いずれの投資対象についても、それを在庫することによっていつでもそれを使えるという、限定された範囲での流動性が得られる。しかし、在庫が適正水準を超えれば、それ以上あっても邪魔なだけであるから、流動性プレミアムはゼロになってしまう。

こうしてみると、新古典派のキャッシュ・イン・アドバンス仮説は、貨幣需要を在庫理論で理解しようとしていることがわかる。キャッシュ・イン・アドバンス仮説とは、貨幣を持つ理由として取引に使うという側面だけに注目し、それ以外の理由はないと考えて、一定期間の消費に応じた額だけの貨幣需要があるとする仮説である。すなわち、貨幣保有とは単に取引手段の在庫であり、適正水準を超えれば流動性プレミアムはゼロになって、それ以上保有する意味がないから使ってしまうと仮定しているのである。

この仮説のもとでは、取引に使うための適正水準を超える量の貨幣があれば、余った分が物やサービスの購入に流れて物価が上がっていくから、適正水準が上昇して、結局は貨幣の保有量と一致する。その結果、需要の拡大も物価の上昇も止まる。反対に貨幣保有量が適正水準を下回っていれば、人々は貨幣をためようとして需要を減らすから、物価が下がって取引に必要な貨幣の適正水準が低下する。こうして、貨幣の実際の保有量が適正水準に一致するように、物価が絶えず調整されることになる。

しかし、ケインズの考えた貨幣の流動性選好とはもっとずっと広範な概念であり、のちに明らかになるように、貨幣の流動性プレミアムはゼロにならずにプラスであり続けると主張する。この性質こそが貨幣経済を作り、同時に需要不足を引き起こしてしまうのである。

資産構成の選択

いろいろな自己利子率を持つ財、資産、貨幣などの選択肢のなかから、人々はどれを選ぶであろうか。小麦利子率、住宅や機械利子率、貨幣の流動性プレミアムの大小をそのまま比較しても意味がない。それぞれ、小麦で何%、住宅や機械で何%、貨幣で何%というように測っているため、単位が違うからである。これらの大小を比較してどれを選ぶかという議論に結びつけるには、それぞれの自己利子率を同じ単位、たとえば金額で測った貨幣単位で何%になるかによって表示しなければならない。

このうち小麦利子率では、小麦単位で測って何%と言っているので、それを貨幣価値に直すには、小麦利子率に小麦価格の上昇率を加えればよい。これと同様に、住宅利子率に住宅価格上昇率を加えれば、貨幣単位で測った住宅利子率になる。すなわち、貨幣単位で測った利子率とは、それぞれの財や資産の自己利子率にその価格の変化率を加えたものである。このときもし価格が下がっていれば、加える分はマイナスになる。なお、流動性プレミアムはそもそも貨幣単位で測っているから、そのままでよい。ケインズは、各財や資産の貨幣単位で測った利子率（すなわち名目利子率）のことを「貨幣利子率」と呼んで、自己単位で測った自己利子率と区別している。

こうして求められる各財や資産の貨幣利子率（＝名目利子率）がすべて等しくなるように、それぞれの需要量が決められる。このことを住宅と貨幣について考えてみよう。一定額の購買力を住宅購入に回してそれを保有したとき、一年後には、そこから得られる金額単位の家賃（あるいはそれと同じ価値の居住便益）と住宅価格上昇額から、住宅の維持費を引いた分の価値を得ることができる。ところが、住宅を買わずに貨幣として保有した場合には、流動性プレミアムという貨幣単位で測った効用を得る。人々はこの二つを比較して、大きい方を選択する。

ケインズは、これと同様の意思決定メカニズムを小麦と貨幣との選択にも適用し、小麦価格上昇率から持越費用を差し引いた値を貨幣の流動性プレミアムと比較する。その場合、小麦価格が変動しなければ、小麦の貨幣利子率は持越費用分のマイナス値になるから、必ず貨幣の流動性プレミアムを下回って小麦は需要されない。しかし、これでは在庫投資のための小麦の購入か貨幣保有かの選択であって、もっと現実的な消費のための小麦購入か貨幣保有かという選択問題にはなっていない。

消費の利子率と消費貯蓄選択

消費対象としての小麦の利子率とは、小麦消費の時点間選択を表す時間選好率である。これを考慮に加えれば、貨幣か住宅かという資産構成についてのストックの選択だけでなく、消費か貯蓄かというフローの選択をも統合した人々の最適行動の全貌を示すことができる。

時間選好率を反映して測られる貨幣単位の小麦利子率と、貨幣への流動性選好を表す流動性プレミアムとの比較には、どのような意味があるか。いま、一定額の小麦の消費を我慢して先延ばしにしたとしよう。そのとき、その金額分を貨幣として保有しておけば、流動性プレミアム分の効用を得ることができる。これが消費先延ばしの便益である。

しかし、貨幣で保有しているなら利子収入はなく、現時点で小麦の消費を節約した分の額面金額が維持されるだけであり、その金額分しか将来の小麦の購入に回すことができない。そのため、将来の購入時点での小麦価格が高くなっていれば、小麦の購入量は減ってしまう。さらに、消費の先延ばしの不効用を補償するためには、時間選好率で与えられる量だけ多い小麦が必要である。そのため、消費の先延ばしにかかるコストを貨幣で測れば、小麦価格上昇率と時間選好率の合計となる。これが小麦消費の貨幣利子率である。

このように、小麦の消費を先延ばししてその間貨幣を保有すれば、流動性プレミアムで測られる流動性の便益が得られるが、同時に、小麦の貨幣利子率に相当する損害がある。したがって、この二つを比較し、前者が大きければ貯蓄して貨幣を保有し、後者が大きければ小麦を消費する。その結果、二つの利子率が一致するように小麦の現時点での消費が決められる。[註11] これと同様の利子率はすべての消費財が持っており、それぞれの現時点での消費量も小麦と同様に決められる。

流動性プレミアムとの比較は、貨幣単位で測った各財の消費の利子率だけでなく、株式や債券などの金融資産利子率や住宅などの耐久財利子率にも適用され、もし一つでも高い利子率を持つ財か資産があれば、購買力はそこに集中して向けられる。そのことがその財あるいは資産の利子率を引き下げて、貨幣および他の財や資産の利子率と一致させるから、その財や資産への需要増大は止まって需要量が確定する。さらに、金融資産市場を通して、企業の実物投資の貨幣単位で測った収益率までもがこれと同じ値になるように、実物投資が決定される。

こうして、新古典派の時間選好とケインズの流動性選好が統合され、財や金融資産から実物投資に至るまで、あらゆるものの貨幣利子率がすべて等しくなるように、それぞれの需要が決められる。同様の調整は、さらに外国為替市場を通して国境を越え、同じ通貨単位で測った世界中の財、資産、実物投資の利子率を均等化させながら、それぞれの需要を決定することになる。[註12]

このように、利子の多面性と均等化の理論を推し進めれば、消費関数を仮定せずに、消費貯蓄決定と資産選択を統合した消費者行動の全貌を示すことができる。さらにそれは企業の生産・投資行動にもつながり、国境をも越えた経済の全体像を描き出す。

ケインズも、第一七章の冒頭で小麦消費の利子率について議論はしていた。それにもかかわらず、時間選好に基づく新古典派の消費貯蓄決定メカニズムを否定しようとするあまり、それを利子の理論の枠組みで考えようとはせず、消費関数に頼ってしまったのである。

註11　この法則は動学的最適化理論でのオイラー条件に対応する。詳しくは小野（1992, p.20）を参照せよ。
註12　以上の分析の国際経済への拡張については、小野（2000）を参照せよ。

貨幣の特殊性

前項で述べたように、一つの財あるいは資産の利子率が高ければ、需要が増えてその利子率を引き下げる。さらに、それが他の財や資産の利子率と等しくなったところで需要の増加が止まり、需要量が確定する。そのとき、いくら需要量が増えても他に比べて緩慢にしか利子率が下がらない資産があれば、需要は最終的にそこに集中する。その結果、この資産がすべての購買力を飲み込んでいく。この資産こそが貨幣であり、その性質は貨幣の特殊性に根ざしている。

貨幣の特殊性についてのケインズの考え方をまとめてみよう。第一に、貨幣発行量は中央銀行が管理しているため、需要が増えたからといって簡単に増産することはできない。さらに、増産するにしても紙を刷ればいいだけだから、雇用は生まれない。

第二に、貨幣は他の実物資本や財では代用できない。代用できれば、貨幣需要が増したときには代用される資産や財への需要も増すから、雇用が増える。実際には代用ができないから、貨幣への需要が増しても他の資産に需要が流れず、貨幣が底なし沼のように購買力を吸収して、雇用はまったく増えない(p.231)。

なお、ケインズは触れていないが、貨幣需要が増えること自体がさらに貨幣保有を有利にする効果を持つ。その理由は、貨幣保有を増やそうとすれば、財や実物資本への需要が減ってそれらの価格が下落し、デフレが起こるからである。このことが、貨幣を持ち続けるだけで購買力が上がっていく効果を生んで、貨幣保有を有利にする。反対にインフレが起こると予想されれば、貨幣を持ち続けるほどその価値が下がってくるから、相対的に他の財や資産を買う方が有利になり、それらへの需要が増して雇用が増える。

ケインズの示した貨幣の持つ第三の特殊性とは、人々の貨幣保有への欲求はなかなか減退しないということである。物価や貨幣賃金の水準が低くなれば、貨幣の実質量が増えてくる。それによって貨幣保有をさらに増やしたいという欲求が減退し、流動性プレミアムが下がって需要が他の実物資本や財に向かうようなら、雇用も増えて景気も回復しだす。しかし、実際には人々の貨幣を持ちたいという気持ちはなかなか衰えず、そのため流動性プレミアムは低下しにくい。おまけに、いくら貨幣の実質量が増えても、それを保有するさいの持越費用はない。そのため、他の資産や財には需要がなかなか向かわず、総需要が不足し続ける。

これを防ぐ手段として、貨幣保有に人為的な持越費用を導入することも考えられる。具体的には、ゲゼル（S. Gesell）が提言した、定期的に手数料を取り立ててスタンプを押さなければ貨幣としての機能を維持できないとする、貨幣スタンプ制度がある。これによって、貨幣を保有することの有利さが低下し、需要が他の資産や財に向かうと述べている。

ケインズはさらに、貨幣が流動性を持つことと貨幣賃金の粘着性との相互作用にも言及している。貨幣はいくらあってもうれしいものであるから、その価値が安定しており、さらに持越費用もなく生産もされないから、取引の基準として最適である。そのため、賃金が貨幣基準で契約されれば、その価値をもっとも安定的に維持することができる。このことが貨幣賃金の粘着性を生み出している。他の財では、ある程度の量を確保すればそれ以上はいらなくなるから、その価値は安定しない。そのため、それを価値基準にすれば、賃金は不安定で頻繁に変動することになる。

貨幣経済とは何か

貨幣の持つこれら三つの特殊性、すなわち、①簡単に増やすことができず、②代用が難しく、③たとえその量が増えても人々がその保有に感じる価値が簡単には下がらない、という特徴はすべて、価値標準となる資産が持つべき望ましい特徴であると考えられている。皮肉なことに、まさにこれらの特徴こそが、貨幣を他のどれよりも魅力的なものにして、流動性プレミアムを高止まりさせ、購買力を底なしに吸い込んで他の財や実物資本への需要を抑え、不況を生み出してしまうのである。

総需要が不足し物価が下落し続ければ、貨幣の実質量が徐々に拡大して、流動性プレミアムを低下させる。しかし、その低下の程度は絶望的なほどに緩慢であり、流動性プレミアムは高水準を保ち続ける（流動性の罠）。おまけに、物価が下落し続けるというデフレ現象それ自体は貨幣の価値を上げていくから、実物資本や財への投資よりも貨幣を保有することを有利にする。そのため、デフレが続くかぎり需要不足が持続して、雇用を圧縮し続ける。

結局、ケインズの定義する貨幣とは、それが持つ流動性プレミアムが常に持越費用を超え、それを作るさいに労働を必要としない資産である。このような特性を持つ資産が存在しなければ、購買力が雇用を生まない一つの資産に集中するということはないから、需要不足は発生しない。また、これこそが新古典派の考えている世界である。これについてケインズは、「貨幣なき経済について私ができる最適な定義とは、流動性プレミアムがいつも持越費用を超えるような資産が存在しない経済である」と述べている（p.239）。これと同様の資産は貨幣以外にも考えられ、たとえば土地がそうである（p.241）。バブル末期に土地投機に走り、そのまま平成不況に突入した現代の日本のことを考えると、この指摘には説得力がある。

当時の新古典派の代表でありケインズの師でもあったマーシャルの見解は、これとはまったく異なる。人々がいま我慢して貯蓄を行い将来の消費増加を待つということができないから、富が蓄積されずに経済が貧しい状態になるというものである。これは、まさに平成不況下の構造改革における節約の精神そのものである。ケインズは、マーシャルのこの主張を紹介した上で、人々が長年にわたって貯蓄し続け、これまでにないほどの資本を蓄積しているのに、なぜいまだに不況で貧しいのか、それでは説明できないと批判している（p.242）。

またケインズは、流動性プレミアムとリスク・プレミアムとは、似て非なるものだと述べている（p.240）。リスク・プレミアムとは、与えられた確率にしたがう収益の変動という不都合を補償する分のプレミアムであるが、流動性プレミアムとは、その確率自体に対する不安を補う分のプレミアムである。前者をリスクと呼ぶのに対して、後者は不確実性と呼んで区別している。流動性選好とは、確率さえも想像できない不安を解消するために貨幣を持つということを反映しているのに、マーコヴィッツとトービンに始まる資産選択理論は、債券の持つリスクだけを定式化して貨幣需要を求めようとした。これでは、ケインズの考えていたような、確率さえもわからない不安を背景とする流動性の罠が現れてこないのも不思議ではない。

平成不況の金融論争

以上がケインズによる利子の理論から見た、需要不足による不況のメカニズムである。これらは、平成不況下の政策論争にも深くつながっている。

まず、貨幣に関する第一の論点について言えば、貨幣供給量が増えないのがいけないから、中央銀行が貨幣需要に応じてどんどん貨幣を刷ればいいという政策提言が出てくる。ゼロ金利による金融緩和政策もこれに応えたものである。しかしケインズも言っているように、たとえ貨幣供給量が増えたところで流動性プレミアムはなかなか低下しないから、それ以上いくら金融緩和を進めても効果は期待できない。実際、平成不況でも、日本銀行が貨幣供給量を大幅に増やしたが、民間投資は思うように増加しなかった。

第二の論点に関連したものにはインフレ・ターゲットがある。中央銀行がインフレを目指して金融緩和を行うと宣言すれば、人々はインフレ期待を持つから貨幣保有が不利になって、実物資本や物・サービスに需要が回るということである。しかし、中央銀行がインフレを起こすと宣言するだけで国民は直ちにそれを信じるかと言えば、話はそれほど単純ではない。平成不況にあった日本でも、ゼロ金利を維持して懸命に金融緩和を進めたが、一向にデフレから脱却しなかった。そのようなときにいくら日銀がインフレを目指すと言ったところで、それをそのまま信じ、これからは貨幣を持っていると損になると思って物を買いに走る人がどのくらいいるであろうか。なお、インフレ・ターゲットの意味については第5章第2節において再論する。

第三点に関係するものとは、価格破壊や雇用流動化による物価や賃金の引き下げ推奨である。ここで重要なのはデフレを起こすことではない。デフレ自体は貨幣保有を有利にして、かえって需要を減らしてしまうからである。この効果を働かせるためには、一般物価水準を一度に大幅に下落させて、人々がそれに対応する間もなく貨幣の実質量を膨らませる必要がある。しかし、そのような劇的変化は事実上実行不可能であるから、デフレが徐々に長期間進行するしかなく、そうであれば総需要の圧縮だけが起こることになる。また、たとえ実質貨幣量の拡大に成功しても人々の流動性選好は衰えないから、貨幣利子率が下がらず、投資は増えていかない。このことは、平成不況の経過を振り返れば現実味を帯びる。

自然利子率と中立利子率

第一七章を終えるに当たってケインズは、自然利子率について議論している。自然利子率とは、投資と貯蓄を一致させることによって、財市場での総需要（＝消費＋投資）と総供給（＝所得＝消費＋貯蓄）を一致させる利子率である。新古典派理論では、投資と貯蓄が一致するのは完全雇用に対応する水準でしかあり得ないから、自然利子率は一つしかない。

ところがケインズの世界では、完全雇用が達成される保証はない。非自発的失業をともなう均衡状態では、流動性プレミアムが高止まりして貨幣が購買力を吸収するために、投資が低水準でとどまっている。そのため、所得が減少して消費と貯蓄を押し下げ、貯蓄を過小な投資と一致させて財市場の需給を均衡させる。すなわち、どのような投資量であれ、それに対応していくらでも所得水準と自然利子率（＝流動性プレミアム）の組み合わせが存在するのである。

さらに、投資の量がたまたま完全雇用をもたらすほどの大きさになるときにも、自然利子率は存在する。これが新古典派の考える自然利子率であり、ケインズはこれを特に中立利子率と呼んで、一般の自然利子率と区別している。

流動性の罠と消費不足

ケインズは、貨幣の保有願望が衰えず、そのため貨幣の流動性プレミアムが高止まりする流動性の罠をもっぱら投資不足と結びつけた。人々が実物投資や在庫投資をするよりも貨幣を保有したいと考えるから、投資需要がなくなると考えたのである。他方、消費については消費関数を仮定し、投資不足によって所得が下がれば、それによって消費も減少すると考えている。そのため、総需要が不足して非自発的失業が発生する。実際ケインズは、「消費性向を与えられたものとして」（p.236）という付帯条件をつけて雇用不足のメカニズムを論じている。

しかし、このような議論では新古典派が納得しないことは、これまで見てきた通りである。すなわち、実質残高効果があれば、需要不足のもとで発生するデフレが実質貨幣量を拡大するから、投資がなくても消費が増えて完全雇用が実現されるはずである。さらに、ケインズ自身も認めているように、経済が成長して十分な量の生産設備が蓄積されていれば、そもそも投資需要は低いから、これほど一所懸命に投資不足の説明をする必要はない。したがって、需要不足による不況を理論的に説明するには、安易に消費関数を仮定するようなことはせず、物価が低下しても消費不足が続くことを説得的に説明できる理論の構築こそが必要なのである。

それでは、ケインズの世界において、消費関数に頼らずに消費不足を説明することができるだろうか。流動性の罠を時間選好に基づく消費の利子率に結びつければ、それができる。

時間選好に基づく小麦利子率の議論を消費全体の利子率に拡張して考えてみよう。人々がいま消費するための物やサービスの購入を行わず、購買力を貨幣の形で保有するなら、その間その分の流動性プレミアムが得られる。しかし、これと同時に、貨幣で持っていれば将来時点での金額表示の貨幣量はいまと変わらないから、将来それを使って消費できる量は物価上昇率分だけ減ってしまう。さらに、一定期間消費をせずに我慢するのに補償もない。この補償分が時間選好率であるから、消費する代わりに貨幣を保有することによって失う価値は物価上昇率プラス時間選好率となる。これが貨幣で測った消費の利子率である。

人々は流動性プレミアムと消費の利子率とを比較し、前者が後者を上回れば消費を控えて貨幣保有を増やし、逆であれば消費を増やす。このとき、流動性の罠が消費の限界を作り出すのに重要な役割を果たす。流動性保有への欲望が高止まりして流動性プレミアムが下がらず、消費するよりも貨幣で保有した方がよいと思え

図12　流動性の罠と消費

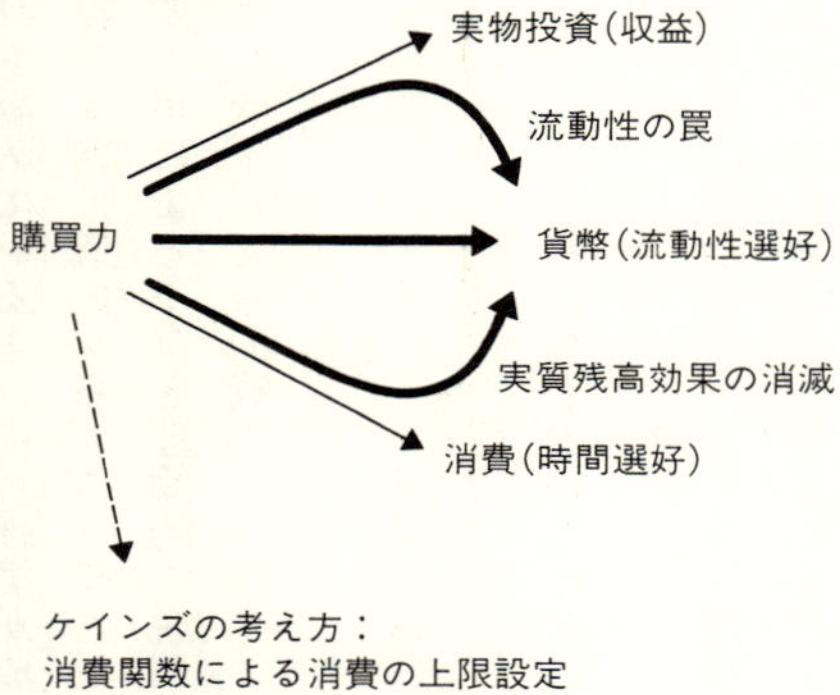

ば、消費は伸びないからである。

このように、流動性の罠は利子を高止まりさせて投資を抑えるだけではなく、消費に向かう購買力を吸収して消費も抑えてしまう。すなわち、実質残高効果を消滅させる働きも持っているのである（図12）。

ケインズは、流動性の罠と投資との関係ばかりに目を奪われ、非耐久消費財である小麦の

利子率を考えるさいにも、その消費に関わる時間選好率ではなく、在庫投資に関わる持越費用の分析に終始した。さらに消費については、図12における破線の矢印で示されるように、安易に消費関数を導入して所得だけに依存して決まると考えた。そのため、流動性の罠と実質残高効果の消滅が同じ原因で起こることに気づかなかった。

しかし、彼自身が提示した時間選好率の概念を詳細に検討していれば、消費関数など導入せずに消費の限界を説明することができたはずである。そうすれば、消費関数やそれに基づく乗数効果などにとらわれ、新古典派から批判されることもなかったかもしれない。この分析については、第5章第2節で詳細に検討しよう。

第4章　景気循環と経済政策のあり方

1　賃金の変動と景気循環【第一九章～第二二章第二節】

最近の「数理」経済学は、その仮定も中身も含めてほとんどが不正確な絵空事であって、著者自身が、大げさで理解の助けにもならない記号の迷路のなかで、複雑で絡み合った現実世界の真の構造を見失っている（p.298）。

貨幣賃金の低下と総需要

第2章と第3章では、なぜ消費と投資が十分に増えず不況が発生するのかについて、ケインズが展開した論理を検証した。本章では、不況下での物価や賃金の働きと景気循環のメカニズムについてのケインズの分析を整理する。さらに、経済政策に関するケインズの考え方をまとめ、その妥当性について検討することにしよう。

新古典派の世界では、需要不足による失業があっても、貨幣賃金と物価の低下によって消費も投資も刺激されるから、需要不足はすぐに解消される。ケインズはこれを誤りだと批判し、貨幣賃金の低下が総需要増大に結びつく理由はないと主張する。ケインズ体系では、消費はそのときの所得と消費性向によって決まり、投資は将来の収益予想と利子率によって決まる。したがって、消費性向、将来の収益予想、利子率のいずれかが変化しないかぎり、貨幣賃金が下がっても総需要は伸びようがない（図13）。

図13　価格調整と数量調整

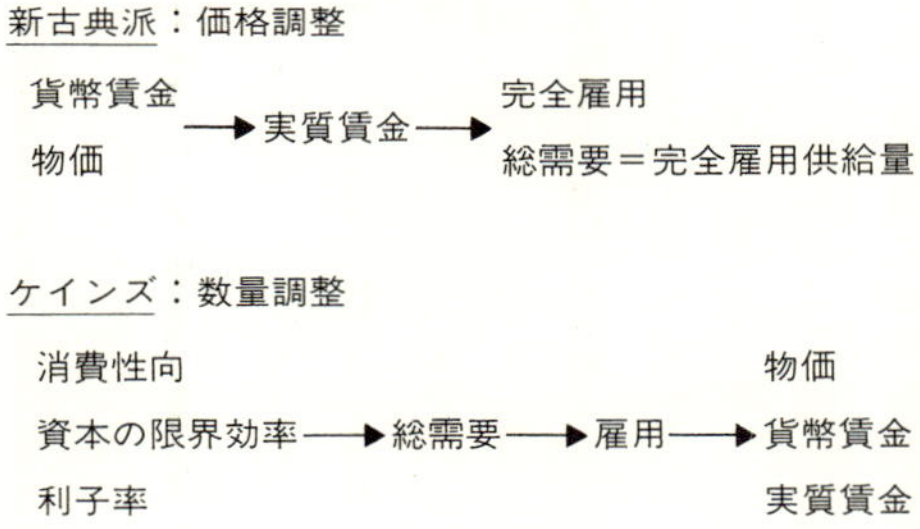

貨幣賃金の低下が失業を改善しなくても、実質賃金を無理に低い水準に固定すれば、企業は雇用を増やすのではないか。ケインズは、それではかえって総需要を減らしてしまうと言う。そもそも需要不足で物が売れないから、いくら生産を増やしても売れ残りが拡大してデフレが激化する。このとき、実質賃金が固定されていれば、物価と並行して貨幣賃金も引き下げられる。こうして物価と貨幣賃金の並行的なデフレが続くから、投資や消費を抑圧して総需要をさらに減らし、失業を悪化させる結果となる。

それでは、貨幣賃金の低下が消費性向、将来の収益予想、あるいは利子率に影響を及ぼす可能性はあるのか。ケインズはこれについて次のような考察を行っている。

貨幣賃金が下がれば所得の低い賃金労働者の所得が減って、所得の高い資本家の所得が増える。一般に、低所得者の消費性向は高く高所得者の消費性向は低いから、このような変化は社会全体の平均的な消費性向を低下させ、消費需要を引き下げてしまう。さらに、これ以外にも生産コストの下落による輸出増加が雇用を増やす効果、将来の貨幣賃金水準への期待の変化、企業の持つ負債の実質値が拡大して投資を抑圧する効果、企業家の将来収益に関する期待への効果などがある。

貨幣量の増加と雇用

しかし、ケインズがもっとも注目したのは、貨幣賃金の低下が物価を引き下げることによって貨幣の実質量を増やし、流動性プレミアムを低下させて投資を刺激する効果である。これと同じ効果は、中央銀行が名目貨幣量を増加させても作り出すことができるから、ケインズは、労働組合が貨幣賃金をコントロールすることにより、実質的に中央銀行と同じ働きを持ち得るとまで述べている。しかしどちらの方法も、簡単には需要増加に結びつかない。

まず、貨幣賃金引き下げの場合、流動性プレミアムに目に見える影響を与えるためには、素早く大幅に引き下げなければならない。しかし、それができるのは独裁的な社会主義国家くらいであり、通常は徐々に低下させることしかできない。それでも無理に物価や貨幣賃金を引き下げようとすると、デフレを激化させて投資や消費をかえって抑圧する。そのためケインズは、貨幣賃金や物価を安定的に保つ方が、急激に減らすよりもはるかによいと言う。平成不況下の日本でも、雇用流動化による貨幣賃金調整の迅速化や価格破壊が礼賛され、それによるデフレの進行が投資や消費を抑えてしまった。すなわち、一九三〇年代のイギリスでケインズが与えた警告は、そのまま現在の日本にも当てはまるのである。

中央銀行による名目貨幣量の拡大についても、ケインズは否定的である。もし中央銀行が、流動性プレミアムにはっきりした影響を与えようと貨幣量を急激に引き上げれば、貨幣への信用を失わせ、人々を不安にさせる。その結果、逆に投資を抑圧してしまう恐れがあると指摘している（pp.266–267）。

さらに、人々に不安を起こさせることなく実質貨幣量を増やすことができたとしても、衰えることのない流動性選好によって流動性の罠が発生していれば、流動性プレミアムが低下しないから投資は刺激されない。おまけに資本蓄積が進んだ国では、そもそも新規投資の機会は少なくなる。そのため、これらの方法による投資刺激効果には限界があり、抑制効果ばかりが現れてくる。

新古典派の二分法とケインズの二分法

新古典派の考える経済でも、まったく別の理由で、総需要は中央銀行による名目貨幣量拡大の影響を受けない。その理由とは、いつも完全雇用で雇用はそれ以上増えようがなく、生産能力を一杯に使って生み出された生産物が、そのまま需要されているからである。そのとき、名目貨幣量を無理に増やして流動性プレミアムを引き下げ、投資を増やそうとすれば、総需要が生産能力を上回って物価と貨幣賃金が比例的に上昇する。そのため、貨幣の実質量が再び収縮して投資をもとの量にもどすから、結局は、生産も需要も完全雇用水準を保ったまま、物価と貨幣賃金だけが名目貨幣量とともに上昇するだけに終わる。

このことは、新古典派経済学において、経済の実物的側面と貨幣的側面がまったく分離していることを表している。すなわち、以下に述べるような、価値と分配の理論と貨幣の理論との二分法が成り立っているのである（p.293）。

価値と分配の理論では、名目貨幣量とは独立に、経済に存在する労働や資本、土地などの資源をすべて使うことを前提に、それらをどのような生産用途に配分し、その結果、物の量で測った所得（実質所得）が各資源の所有者にどのように分配されるかという、実物変数の決定メカニズムについて考える。それらが確定したあとで、貨幣の理論では、名目貨幣量に対応して物価や貨幣賃金などの名目変数がどのように決まるかを分析する。そこでは、実質所得に比例して取引量が決まり、その取引には、取引量と物価水準の積で与えられる名目貨幣量が必要であると考えている。そのため、実質所得が完全雇用水準を保ったままなら、物価は名目貨幣量に比例して変動することになる（貨幣数量説）。

これに対してケインズの二分法とは、一方で個々の経済主体の行動を前提に、一定量の資源のもとでの配分の理論を取り扱い、他方で全体としての産出量および雇用がどのように決まるかを明らかにする。すなわち、ミクロ経済学とマクロ経済学である。経済活動水準の決定を取り扱うマクロ経済学では、投資や貯蓄という将来のことを考えた企業や個人の行動が、現在の経済活動に大きな影響を与えるため、動学的な発想が必要となる。さらに、現在と将来との連鎖を決定する投資や貯蓄を決めるさいには、貨幣が本質的な役割を果たすことから、新古典派経済学のような実物的側面と貨幣的側面との二分法は成立しない。

このようなケインズの二分法には二つの基準が混在している。一つは、一定量の資源が使われることを前提にそれらの配分を考える理論と、その活動水準そのものを分析する理論という考えである。もう一つは、個々の経済主体の行動を取り扱う理論と経済全体の集計量を取り扱う理論、という考え方である。

ミクロ経済学とマクロ経済学を区別するとき、かつては主に個々の経済主体の行動か経済全体の集計量か、という後者の側面を強調していたが、現代では、すべての経済分析が個々の経済主体の行動を出発点として行われる。そのため、ミクロ経済学は完全雇用を前提とした時間の概念のない静学的な経済構造の分析を、またマクロ経済学は時間の経過を意識した経済変動という動学的な分析を意味するようになってきている。

景気循環

ケインズは、景気循環が主として資本から得られる将来の収益予想の変動によって起こると考えている（p.313）。すなわち、投資主導型の景気循環ということである。このような景気循環では、上昇から下降局面に変わるのは急激だが、下降から上昇局面に変わるのには時間がかかる。

景気の急激な下降によって恐慌を引き起こす発端は、将来に対するあやふやな期待に翻弄《ほんろう》されて、投資の収益予想が急激に悪化することにある。それによって人々は不安になり流動性選好を強めるから、流動性プレミアムが急上昇して、購買力が投資から貨幣保有に向かう。そうなると、中央銀行が貨幣供給量を増やして貸出金利をどんなに下げたところで、資金は何の運用もされずにそのまま保有され、投資には回らない。

投資の回復には、経済についての確信の回復が必要であり、それには時間がかかる。確信が回復していけば流動性選好が低下するから、資金が投資に回り、総需要が増えて景気が回復する。ケインズはこの点について、「不況の持つこの性質は、銀行家や実業家には正しく理解され強調されているが、純粋な貨幣的政策こそ効果があると信じている経済学者には過小評価されている」(p.317) と述べている。

この警句は、景気回復には供給側の構造改革と金融緩和による金利引き下げこそ重要という意見が大勢を占める平成不況下の日本でも、そのまま当てはまる。実際、日本銀行がゼロ金利政策を続け、定期預金の金利も一%にすら満たない水準にまで下がったが、投資は伸びていかなかった。その理由は、過度に競争を煽っていつ倒産するかもわからない不安な状況を作り、物が売れずに投資の期待収益が大幅に下がって、流動性選好だけが高まったからである。これでは、日本銀行がいくら金融緩和を行っても人々は貨幣保有を増やすだけで、投資をしようとは思わない。また、二〇〇六年頃から投資が回復し始めたのも、利子が下がったからではなく、これ以上経済は悪くならないという安心感が広がってきたからである。

こうした発想に基づくケインズの景気循環論は、次のようにまとめられる。好況が続き資本設備が蓄積されるにつれて収益率は徐々に低下し、将来に不安が生まれる。ひとたびこの不安が生まれると急激に広まり、投資は激減して総需要が下がるから、生産を縮小せざるを得ない。当初は急激な生産調整は行わずに在庫の増加によってしのごうとするが、それにも限界がある。さらに、不況の初期段階で起こる資本の収益性の悪化が株価の大幅な低下を引き起こすから、資産効果を通して消費性向を急激に低下させる。そのため消費も減って、投資の減少による不況の悪化に拍車をかける。このような不況は、通常、三年から五年ほどの資本設備の平均耐用年数が過ぎるまで続く。設備更新が必要になって投資が回復し始めれば、人々は経済状態に関する確信を取り戻し、新たな景気拡大が始まる。

このように、ケインズの景気循環論は投資の変動が引き起こすものであり、その周期は資本設備の耐用年数で規定される。さらに、循環には利子率の水準よりも投資の収益性に関する期待の変動の方が重要な役割を果たす。

循環は起こるか

予想収益についての悲観が投資不足を引き起こし、そのときには金利が下がっても投資はなかなか増えず、経済活動が停滞するというケインズの洞察は、大変説得的である。しかし、それが景気の循環的な動きを生み出すという点については疑問が残る。実際、現代の動学的マクロ経済学が仮定しているように、企業が投資の収益性の変化を正しく予想しているなら、通常、循環は起こらないのである。

そこでは、資本が蓄積されるにつれて資本の限界生産力が徐々に下がっていくから、投資は不利になって減り続け、最終的には、生産物は消費だけに使われるようになる。そのときには、資本の限界生産力は、生産能力分の消費が続く場合の時間選好率（消費先延ばしの我慢補償分）に等しくなっているから、いまの消費を我慢して資本を増やしても仕方がない。この状態に至るまでの過程では、投資は単調に減っていくだけで循環は起こらない。

さらに、資本設備の耐用年数が経過することによって起こる投資の回復が景気回復を促す、という点についても疑問が残る。個々の企業にとっての投資循環を考えれば、こうした説明にも意味があろう。しかし、経済全体ですべての企業が同時に投資を行い、同時に耐用年数を迎えるとは考えにくい。少しでも資本設備の耐用年数がずれていれば、経済全体での循環は徐々に消えていくであろうし、たとえ同じ耐用年数でも、当初にすべての企業が同じタイミングで投資をしたとは考えにくい。

理論分析では、経済の動学を一定期間ごとに恣意《しい》的に区切って行う期間分析の手法を使えば、循環を導出できる。しかし、連続的に流れる時間のなかで企業がどのタイミングでも投資の調整ができるという、より現実的な連続時間モデルでは、循環はなかなか導出されない。その理由は、企業の意思決定の一期間を恣意的に合わせて区切れば、投資の増加減少のタイミングが一致して循環が生まれるようにできるが、そうでなければ循環は生まれてこないからである。つまり、ケインズの言うような投資の同調による循環は、どのタイミングでも投資ができる現実の経済では起こりにくい。

ケインズの景気循環論が投資の決定メカニズムに結びつけて論じられるのは、『一般理論』の論理構造から考えてごく自然なことである。『一般理論』の主要メッセージが、所得は投資量に依存して決定されるということだからである。そのため、景気循環においても、将来収益予想と流動性選好の変動が貨幣と実物投資との選択に影響を与え、その結果、投資が動いて所得が変動するという論理展開がなされている。

しかし、流動性選好によって、貨幣は実物投資に向かう購買力とともに、消費に向かう購買力をも吸い込む。そのうち投資について言えば、経済が成長して資本を十分に蓄積した経済では新規投資の機会が減るから、投資が景気循環の原動力とはなりにくい。これに対して消費なら、いまたくさん食べたり着たりしても、将来の消費意欲が減退するということはない。そのとき、景気循環の原動力として投資よりも消費が重要になり、確信の変化が貨幣と消費との選択に影響を与えて消費の変動を引き起こし、投資はそれに付随して変動幅を広げる役割を果たす。

このような消費の変動による景気循環は、ケインズの考えた投資循環のような三年から五年程度の短期のものではない。特に、大恐慌や日本のバブル崩壊のように人々の記憶に長く残る危機的状況を経験すれば、確信の回復は難しく流動性選好はなかなか下がらない。そのため、社会全体としての確信を回復し、購買力を貨幣から物やサービスに向けるには、危機を自分の経験ではなく、単なる歴史上の出来事としてしか考えない新しい世代の登場が必要になる。

その場合、景気が回復し始めるまでには、世代交代が進む一五年から二〇年近くの歳月がかかる。実際、本書の冒頭の図1、図2に示したように、大恐慌当時のアメリカやイギリスでも、また平成不況の日本でも、景気が回復の兆しを見せ始めるまでにはそのくらいの期間がかかっている。消費を原動力とするこのような景気循環のメカニズムについては、第5章第2節において詳しく検討しよう。

2　不況下の経済政策【第二二章第三節～第二四章】

政府がその役割を広げ、雇用を増やすために消費性向や投資意欲を高める仕事まで行うようになれば、十九世紀の評論家や現代のアメリカの銀行家の目には、個人主義への許しがたい侵害と映るかもしれない。しかし、私は逆に、それこそが現在の経済体制を維持するための唯一実行可能な方法であり、同時に、個人の創意を効果的に機能させる条件でもあると主張したい（p.380）。

国家による投資の奨励

ケインズの世界では、民間企業の投資は不安定な将来予想に依存して大きく変動する。そのため、たびたび投資不足が起こって総需要が不足し、労働力の無駄が発生する。それを避けるためには、国家が介入して投資を安定的に維持することが必要になる（p.320）。

さらに、好況期の過剰投資が不況の原因であるとする新古典派の主張に対して、ケインズは次のように反論している。通常、不況で需要が不足したときに余ってくる資本を過剰資本というが、本当の過剰資本とは好況期にも余るような資本のことである。ところがこのことが正しく理解されず、好況期にプラスであった投資の収益が不況期にマイナスになると、それによって過剰投資だと思われて投資が抑制され、役に立つ投資が行われなくなる。すなわち、住宅に住めない人がいるのに住宅が余って住宅建設は止まるし（p.322）、多くの人々が飢えに苦しみ、食料を作る資本も労働力もあるのに、食品工場が稼働しない状態である。

こうした記述は、そのまま平成不況下の日本にも当てはまる。大阪城公園や上野公園にテント暮らしのホームレスがたくさんいる一方で、住宅産業では仕事不足で倒産が相次いだ。それを見て小泉首相（当時）は「構造改革の効果が現れた」と高く評価していたのである。

過剰投資がこのようなものであるということは、最適な資本量が、それ以上蓄積してもまったく意味のなくなる量であることを意味する。ケインズは、いまだかつて資本が最適量まで蓄積されたことはなく、大恐慌直前のアメリカの好況時ですら過剰投資ではなかったと述べている。なぜなら、当時は異常な高利子率で投資が阻害されていたからである。そのようなときに、さらに利子率を引き上げて景気過熱を冷ますという政策は「病人を殺して病気を治すといった類の解決策」であり、合理的な新規投資を阻害する危険な敗北主義であると批判する（p.323, p.327）。

一九八〇年代末期に好況の続いた日本では、日本銀行による金利引き上げにとどまらず、大蔵省（当時）も株取引や不動産取引への課税まで行い、バブル潰《つぶ》しに奔走した。ケインズがこのことを知ったらあきれ果てるであろう。実際、その直後に株価と地価の大暴落が起こり、その後一〇年以上にも及ぶ平成不況に突入した。さらに、その後は多くの論者がバブルの反省を繰り返し、不況が長引いたのはバブル期の過剰投資が原因であったと主張している。[註13]このように現在の日本でも、経済変動のメカニズムに対する理解は、ケインズの時代とほとんど変わっていないのである。

ケインズは、高い流動性選好が実物投資を阻害するから、貨幣を保有するのに費用（持越費用）がかかるようにすれば購買力が実物投資に向かうと考え、料金を払わせて貨幣にスタンプを押すゲゼルの貨幣スタンプ制度を再度紹介している（第3章第3節参照）。その上でケインズは、この制度の限界について大変重要な見解を述べている（pp.357-358）。すなわち、流動性プレミアムは貨幣だけが生み出すわけではないということである。貨幣がだめなら、銀行貨幣、要求払い債務、外国貨幣、貴金属、宝石、土地などがある。これらも流動性プレミアムを持つから、貨幣だけに持越費用を導入しても、それらが代わりに購買力を吸収して実物投資が阻害される。結局、流動性を生むすべての資産に持越費用を課さなければ需要刺激効果はない。

また、一部の論者は、景気が悪化して人が余ることが問題なら、需要を増やさなくても労働供給の方を減らせばよく、そのために限られた雇用を労働者の間で分け合えば、余った時間で余暇を楽しむこともできると主張する。いまで言うワークシェアリングである。ケインズはこれを強く批判し、不況期には、余暇よりも仕事や所得の増大を望む人の方がはるかに多いと述べている（p.326）。

同様の政策は平成不況下の日本でも盛んに議論され、二〇〇一年四月には厚生労働省から「ワークシェアリングに関する調査研究報告書」まで出されている。しかし、無駄の排除と言いながら新たな就業機会を作らず、それどころか収益の上がらない仕事はさっさと中止しろと言って就業機会を減らし、そのあとに残った仕事を分けるだけでは、不況に対して何の解決にもならない。こんなことをしても、貴重な労働資源を使わずに放置するのに変わりはないから、効率の改善にもならない。また、余暇を楽しめと言うと聞こえはいいが、その意味は、働かずに貧しいままでいなさいということである。そもそも不況で所得が減っていれば、余暇を楽しんでいる余裕などあるはずがない。

註13　平成九年度および十一年度の『経済白書』など。

節約が経済を貧しくする

それでは、資本をさらに増やす余地がなくなったら、そのあとの需要拡大には何をすればいいか。経済活動の本来の目的である消費を促進すればよいのである。これについてケインズは、「節約という道徳は経済を富ませず、逆に貧しくする」という考え方で過少消費の弊害を訴えた過去の経済学者や批評家たちを紹介し、彼らの正当性を主張している。

ラフマス（B. Laffemas）　ぜいたく品を買うすべての人々は貧しい人々の生活を支えているが、守銭奴は彼らを貧苦のうちに死なせている。

ペティー（W. Petty）　「娯楽、豪華な催し物、凱旋門《がいせんもん》など」は、それに関わる費用が酒屋、パン屋、洋服屋、靴屋の収入となるから、やるべきである。

バーボン（N. Barbon）　浪費は、個人にとっては損害をもたらす悪徳であるが、経済活動にとってはそうではない。貪欲《どんよく》は、個人にとっても経済活動にとっても悪徳である。

ケアリ（J. Cary）　皆が支出を増やせば、全員の所得が拡大してもっと豊かに暮らせるであろう。

マンデヴィル（B. Mandeville）　一国に幸福と繁栄をもたらす確かな方法とは、節約の奨励ではなく、すべての人に就業機会を与えることである。なぜなら、金銀の価格変動がどうあろうと、社会のあらゆる楽しみは、大地の恵みと人々の労働によってもたらされるからである。

ホブソン（J. A. Hobson）とママリー（A. F. Mummery）　貯蓄は個人と社会を富ませ、消費は両者を貧しくするという主張は、貨幣愛こそ経済的幸福のみなもとという考えから出ている。しかし、このような主張は支持しがたい。過度の貯蓄は社会を貧乏にし、労働者から仕事を奪い、社会全体に不況をもたらす。

マルサス（T. R. Malthus）　過度の貯蓄は消費を抑えて生産意欲を損ない、富の蓄積を止めてしまう。そのため、一国にとっては有害である。

これらの主張は、消費を我慢し節約することこそが正しいと信ずる道徳家や正統派の経済学者たちには、大変評判が悪かった。たとえばアダム・スミス（A. Smith）は、各家庭にとって思慮深い行動（貯蓄）はほとんどいつでも国家全体にとっても思慮深い行動である、と述べている。またリカードは、生産の増加は常にそれに対応した所得および消費の増加をともなうと主張して、過少消費の可能性を否定している。

ケインズはこのような状況を嘆き、次のように書いている。

彼ら（道徳家や正統派の経済学者たち）は、人々が欲しがる物をどんどん作るより、個人も国家もひたすら節約に励む禁欲主義の方が、はるかに道徳的であると考えた。ペティーの奨励する「娯楽、豪華な催し物、凱旋門など」は、グラッドストーン流の一ペニーでも惜しいというけちくさい財政運営に切り替えられ、華麗な音楽や演劇はもちろん、病院、広場、壮大な建造物、古代遺跡の保存事業にさえ「予算を捻出《ねんしゅつ》できない」国家制度となってしまった（p.362）。

この文章は、「グラッドストーン流」を「小泉流」と読み替えれば、そのまま平成不況下の構造改革に当てはまる。国も地方もあらゆる無駄を排除し、一円でも歳出を減らすことこそが経済回復への道と信じられている現代の日本では、文化事業への補助金が真っ先にカットされ、多くの博物館や美術館が閉鎖の危機に瀕《ひん》し、国立や公立の劇場も経営が危ぶまれている。各自治体のオーケストラでも状況は同じで、大阪では四つあるオーケストラを一つにする案が真剣に検討されている。さらに、全国で病院予算もカットされ、公立病院の閉鎖や整理統合が相次いでいる。特に利益の薄い産科や小児科は深刻で、次々と廃止に追い込まれ、少子化対策が重要という政府の表向きの発言とは裏腹に、ますます子育てをしにくい環境になってきている。

夕張市の教訓

ケインズの嘆きももっともだが、それで国や各自治体が方針を転換し、積極的な事業展開を行うかと言えば、そうはならない。二〇〇六年に財政破綻《はたん》に陥った北海道夕張《ゆうばり》市のような例が頭に浮かぶからである。

かつては石炭業で栄えた夕張市も炭坑の閉山とともに衰退し、一九八〇年代からは観光都市としての復活を目指して積極的な事業展開を行った。夕張メロンを全国ブランドにまで育て上げ、一九九〇年からは「ゆうばり国際ファンタスティック映画祭」を始めて世界中からの出品を募り、話題の映画を次々と世に紹介したのである。さらに、テーマパークやスキー場へと事業を広げたが経営がうまくいかず、財政破綻に陥った。その債務返済のために、病院は縮小され、水道代などの公共料金は引き上げられ、小中学校の統廃合の話も進んで、住民の流出すら起こっている。これを見て多くの論者は、不況の時期に先のことも考えずに借金をして事業を広げるからいけないと批判している。

夕張市の行った事業展開は、いわばペティー流の積極財政である。それによって多くの仕事が生まれ、その資金は、市民だけでなく周辺自治体にも流れていった。このとき、もし仕事をすべて夕張市民に割り当て、資金もすべて市民に支払われていれば、市民はその分の所得を得ていたから、借金の返済もそれでまかなわれたはずである。しかし、実際には、仕事の多くが市外にも流れているから、市民だけでは返せなくなっている。足りない分は、仕事のなかった市外の業者や個人が受け取り、返済はすべて夕張市に任せているのである。

この悲劇は、夕張市だけが積極策を取ったために起こったことである。もし、北海道中の自治体が夕張市をまねて積極的に事業を展開し、その仕事はすべて道内の業者に任せていたら、資金は夕張市を含めた北海道中を環流し、多くのサービスを生みながら、北海道の所得を増やして経済を活性化させたはずである。それによって道外から訪れる人々も増えていれば、お金を落としていったかもしれない。

こうして見ると、夕張市は、不況のなか孤軍奮闘して敗れた戦士であると言うこともできる。他の地域の住民は、夕張市が努力している過程で出てきた仕事のおこぼれにはあずかりながら、失敗とわかるとますます消極的になって、ひたすら節約に励んでいる。さらに、いわゆる識者たちも、夕張市の失敗を教訓に無駄遣いを戒めている。同様の現象は北海道にとどまらず全国に及び、各自治体は節約を旨として、できるだけ何もせず、何も支援しないことを競い合っている。

政府は観光立国を掲げ、日本から出ていく人数に比べて外国から訪れる人数が少ないと嘆いているが、文化事業も支援せず、ひたすら費用の節約だけを考えている国に、だれが訪れたいと思うであろうか。こんな状態では、日本人自身も海外に出かけた方が楽しいに決まっている。こうして、資金は海外に流れ、国内では節約ばかりが奨励される寂れた町が増えていくことになる。

重商主義と自由貿易

さらにケインズは、重商主義と自由貿易主義とを比較し、完全雇用であれば自由貿易がいいが、失業の可能性を考えると重商主義にも一理あると述べて、その功罪を議論している。重商主義とは、国際市場での競争に打ち勝って、貿易（経常収支）黒字の拡大を目指すことが重要であるという考え方である。

国際競争に勝って輸出需要を拡大すれば、総需要が増える。さらに、貿易黒字があれば金が流入して国内の貨幣量が増えるから、利子率が下がって投資も刺激される。同時にこれは、貿易相手国にとっての貿易赤字を意味するから、そこでは輸出需要の減少と貨幣量の収縮による投資抑制効果が生まれ、総需要が減って不況が悪化する。すなわち、重商主義的政策とは近隣窮乏化政策でもあり、これを続ければ国際的な摩擦を生んでしまう。

そうかと言って、各国が相対的に得意な分野の生産を拡大し、自由貿易によって交換しあえば、すべての国にとってもっとも効率的で望ましい状態が実現されるという自由貿易主義の論理は、需要不足のない完全雇用の場合でしか当てはまらない。失業があれば、どの産業でもいいから何とか生産を拡大する方が、国際競争に負けて失業を増やすよりはよいからである。そのため、実行すべき政策は政府主導で投資を促進し、内需の拡大を図ることであり、それなら輸入も増加するから、自国だけでなく外国にもよい効果をもたらす（p.349）。このような政策を推し進めて両国に完全雇用を実現させたあとで、はじめて自由貿易が各国の利益をもたらす（p.382）。

重商主義的政策に関するケインズの主張は、固定相場制のもとではまったく正しい。しかし、変動相場制のもとでは、重商主義的政策がもたらす経常黒字はかえって自国の景気に悪影響を及ぼす。その理由は、経常黒字が通貨高を招き、それが経常収支をもとの水準にもどすまで進行するから、企業は最終的に価格競争力を失って、雇用を減らしてしまうからである。[註14]

たとえば、生産の効率化によって輸出競争力を高め、経常黒字幅を拡大するなら、それによる通貨高が輸出量をもとの水準に引き下げるまで進行しても、効率化の影響で人手は以前よりいらなくなっている。そのため失業は以前よりひどいから、輸入は以前より少なく、輸出がもとにもどっても貿易黒字(=輸出-輸入)はまだもとの水準より大きい。したがって通貨高はさらに進み、輸出を以前より引き下げて経常収支をもとにもどすまで続くから、結局、国際価格競争力は生産効率化以前よりも悪化して、失業を増大させる。逆に貿易相手国では通貨安で価格競争力が伸び、雇用が増えていく。

これを見て、為替レートの調整メカニズムを理解しない自国政府は、まだまだリストラが足りないから外国に負けていると主張し、効率化の名のもとに自国の失業を増やして、さらなる通貨高を招くのである。

この現象は、平成不況下にリストラに励んで経常黒字を拡大しようとしたのにもかかわらず、円高で景気が一向に回復しなかった日本経済と、円高の裏返しであるドル安や人民元安で好況を維持したアメリカや中国経済の動きにも、はっきりと現れている(図14)。また、日米の実質経済成長率の差とドル円交換レートとの関係を示した図15を見ても、アメリカ経済に比べて日本経済の成長率が低いときほど円高になっていることがわかる。このことは、通念とは反対に、自国の不況が悪化したときほど通貨高になることを示している。

図14　ドルと人民元の動き

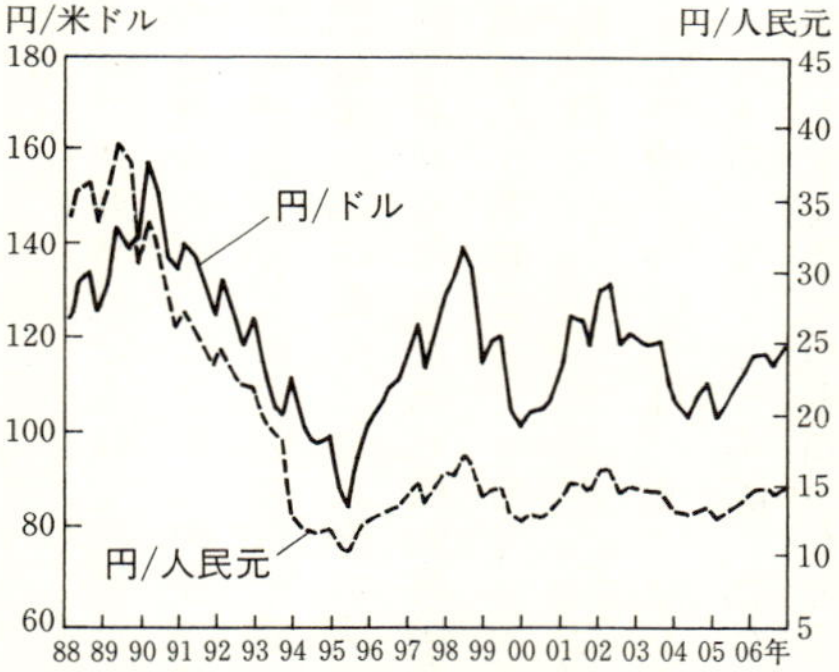

（出典）『金融経済統計』および『経済統計月報』日本銀行

図15　日米景気差と為替レート（1988-2002）

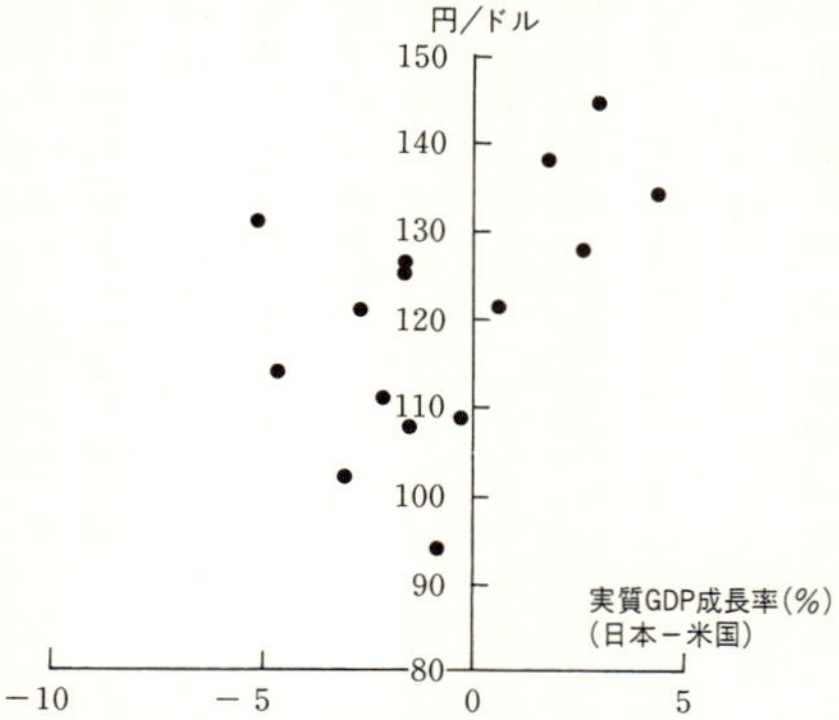

（出典）国民経済計算（内閣府）
The Economic Report of the President, USA.

各点が上にあるほど円安、右にあるほど日本の景気がよい。点は右上がりに分布しており、好況国の通貨ほど強い（右下がりに分布）という一般通念とは反対である。

このように変動相場制度のもとでは、重商主義的政策は近隣窮乏化政策とは反対に自国窮乏化政策になるとともに、貿易相手国に対しては雇用を拡大させる効果を持つ。したがって、行うべき政策はケインズの言うように内需拡大がよい。内需拡大であれば輸入も増えて経常収支の赤字圧力を生み、通貨安を招くから、自国企業の国際競争力を向上させて輸出需要も伸びる。その結果、当初の内需拡大政策とあいまって、大きな需要拡大効果が生まれてくるのである。

ケインズの時代の重商主義者たちは、貨幣量の減少が失業の原因であると考え、貿易黒字で貴金属をためることが貨幣を増やして経済によい影響を与えると思っていた。しかし、現在の管理通貨制度のもとでは、貴金属の保有高とは関係なく貨幣を発行できるから、重商主義的政策に頼らなくても金融拡大を図ることができる。

経済発展をするためには国際競争に勝たなければならないとか、不況は外国との経済競争に負けたから起こっているといった重商主義的主張は、一見わかりやすく、現在でも多くの支持を得ている。しかしそこでは、輸出振興がもたらす貿易黒字の拡大が自国の通貨価値に与える影響については、まったく考慮されず、円高は天災のように外から突然降ってくるものと考えられている。実際、為替レートが固定されていればその主張にも一理ある。しかし、現在のような変動相場制のもとでは、重商主義的なリストラ努力は円高を生み、みずからの首を絞めて失業を増やしてしまうのである。

註14 以下の議論については、小野(2000, 2005)に詳しい解説がある。

国家の介入と所得再分配

経済社会の顕著な欠陥として、ケインズは、完全雇用が実現できないこと、および富や所得の不平等分配を挙げている。十九世紀以降のイギリスでは、所得税や相続税などによって不平等分配は緩和されつつあるが、それに対しては、経済成長を阻害するのではないかという心配があった。その理由は、金持ちの貯蓄によって資本成長が可能になっており、金持ちに課税すれば貯蓄が減って資本蓄積の原資が減ると考えたからである。しかし実際には、金持ちの守銭奴的節約は、資本蓄積を促進するどころか、反対に、購買力を実物投資から貨幣保有に向けさせ総需要を減らし、経済成長を阻んでいる。

機械設備などの資本は、蓄積されるにつれてその収益性がどんどん下がっていく。そのとき、資本はその収益率がゼロになるまで増やしていい。資本は投資によって増やすことができるし、非自発的失業があれば、投資のために生産活動を行っても失業していた人々が活用されるだけで、投資の機会費用はゼロである（第3章第2節参照）。すなわち、資本は土地とは違って生産がいくらでも可能なのである。しかし、これが進んで資本の収益率がゼロになれば、金持ちの利子生活者は収入がなくなり、「安楽死」するしかない（p.376）。

資本蓄積がここまで行われれば、それ以上投資を進めても仕方がない。そうなったら、不平等是正政策は景気刺激効果を持たなくなるかと言えば、そうではない。消費性向の低い富裕層から消費性向の高い貧困層への再分配は、社会全体の消費を拡大し、労働資源の有効利用を促すことになるからである（p.324）。

このようにケインズは、所得や富の再分配には、それまで思われていた以上の意味があると考えている。しかし、完全な平等がよいと言っているわけではない。価値ある人間活動を十分に実現するためには、カネもうけの動機と、それを支える私有財産制が必要であると説く。さらに、それらは人間の自己顕示欲を満足させるという意味でも大切であり、その機会を奪えば、他人を支配するための権力追求などにはけ口を求めて、暴君が現れる危険さえあると言う（p.374）。

さらにケインズは、働く意欲も能力もある一〇〇〇万人のうち九〇〇〇万人しか雇用されていないのなら、この九〇〇〇万人の仕事の配分について政府が口出しをする必要はないが、残りの一〇〇〇万人に仕事を与えることは是非考えるべきだと言う（p.379）。実際、純粋に効率面から見て、失業でまったく働かないことによる損害の方が、仕事の配分の仕方による損害よりもはるかに大きい。つまり、個人の創意を引き出す環境は維持しながら、国家が不足気味の投資を補い、完全雇用を実現せよということである。完全雇用が実現されれば、あとは新古典派理論が本領を発揮し、個人による自由な市場競争を促すことがもっとも効率的な政策となる（p.378）。

現代の日本では、政府が介入して民間投資を促進したり、富裕層から貧困層への所得の再分配によって消費を刺激したりする政策については、民間活力を阻害するという批判がたびたび展開されているが、これと同様の批判はケインズの時代にもあった（p.380）。ケインズはこのような批判は的はずれであると言う。総需要が不足して不況が起これば、民間の創意工夫を発揮する場はかえって縮小してしまうからである。

しかし、このようなことを言っても、成功している個人や企業は簡単には受け入れない。個人や企業は経済全体のことなど考えず、自分自身か自分と利害を共有する集団のことだけを考えるからである。個人や企業にとっては、経済全体の活動が増えなくてもライバルが減りさえすれば目先では得をするから、政府には余計な支援によってライバルを存続させてほしくはない。また、成功している高所得者にとっては、貧困層への再分配は負担になるだけである。そのため、ケインズ政策による総需要への刺激を通して現れる自分へのプラスの影響まで考慮する余裕はなく、ライバル消滅や目先の税負担軽減の方がはるかに有利に見える。

これでは、ケインズがいくら市場メカニズムを重視していると言い、民間の創意を生かしながら経済全体の効率を引き上げることが重要だと述べ、そのためにこそ国家主導の投資政策や消費の刺激策が必要だと主張しても、簡単には受け入れられない。結局、ケインズ政策は力のある高所得者や富裕層には支持されないのである。しかし、彼らの意向にしたがっているだけでは、すべての効果が現れたあとに不況が悪化し総需要が減少するから、彼ら自身にとっても以前より厳しい状況が待っている。

第5章　不況理論の再構築

1 何がわかり、何が残されたか

ケインズ経済学の特徴

第2章から第4章にわたってケインズの『一般理論』を読みながら、その独創性と限界を整理してきた。ここで改めて、ケインズは何を明らかにしようとし、その理論の特徴は何であり、当初の目的はどのくらい達成されたのかを簡単にまとめておこう。

新古典派は、世の中に存在する労働力や資本設備をすべて使って生産される物やサービスの総供給が、そのまま人々の総所得になると考えている。その総所得をすべて物やサービスの購入に回せば、総需要は総供給と等しくなる。あとは物価や貨幣賃金の調整によって、個々の物やサービスの生産量の構成とそれぞれの需要量の構成を一致させればよい。すなわち、物価や貨幣賃金さえ調整されていれば売れ残りや失業はあり得ない、ということである。

これに対してケインズの考える世界では、まず物やサービスへの総需要が決まり、そのあとで、それらを生産するのに必要な雇用量が決まる。さらに、それが完全雇用を実現するほど大きいという必然性はなく、一般にはそれを下回って非自発的な失業が発生する。物価や貨幣賃金は総需要が与えられたあとで決まってくるから、それらを無理に引き下げたところで、需要不足も非自発的失業も解消されない。

こうしたケインズの見方に対して、新古典派はなかなか説得されない。その理由は、そもそも供給能力を下回るような総需要がどのように決まってくるか、物価や貨幣賃金が調整されても総需要が完全雇用を実現する水準まで増えないのはなぜか、という二つの疑問に答えるケインズの論理が不完全だからである。

ケインズによる需要不足の説明が、物価や貨幣賃金の固定性とは独立に展開されているなら、説得力を持つ。反対に、もしそれに決定的に依存しているならば、価格破壊や雇用流動化による貨幣賃金の低下が、需要不足の解消に有効であることになる。すなわち、需要不足による不況であっても、新古典派的な構造改革が正しいことになってしまう。

消費と投資の限界

新古典派の主張する、物価調整がもたらす需要不足解消のメカニズムとは、次のようなものである。需要が不足していれば物価が低下するから、人々の保有する貨幣の実質量が増大して、貨幣をさらに持ちたいという気持ちが減退し、消費が刺激される（実質残高効果）。さらに、実質貨幣量の増大によって収益資産にも資金が流れていくから、投資の金利負担が減って投資も増える。そのため、消費も投資も刺激されて需要不足を解消し、完全雇用を実現する。このような論理を否定して需要不足の発生を示すためには、物価や貨幣賃金が下がっても、消費と投資が増えていかないことを論証しなければならない。

ケインズは、消費についてはそれが所得だけに依存し、さらに、所得の一部しか消費に回らないという消費関数を仮定して、実質残高効果を無視した。そのため、消費が物価とは無関係になり、物価がいくら下がっても増えないことになった。これでは消費の限界を論証したのではなく、はじめから仮定したにすぎない。もし消費関数のなかに実質残高効果が考慮されていれば、消費の限界を導くためには、物価の固定性を導入して実質貨幣量の増大による消費刺激効果が働かないと言うしかない。

次にケインズは、投資の限界を次のように説明する。投資は実質利子率と将来の収益予想に依存する。したがって、利子率が高止まりしたり、将来の収益に関して悲観論が広まったりすれば、投資が減って需要が不足するはずである。この説明自体は、新古典派の投資理論と何ら違いはない。違いは、新古典派では利子率の下限を考えず、収益の将来予想については人々が正しく予想すると考えているのに対して、ケインズは、利子率が高止まりしたり将来予想が大きく偏ったりするために投資の限界が生まれると考えていることにある。

利子率の高止まりに関してケインズは、人々の持つ貨幣の実質量がいくら増えても、貨幣を蓄積したいという気持ちはなかなか衰えず、そのため流動性プレミアムは十分には低下しないと考える（流動性の罠）。他方、資本設備への投資は、増やせば増やすほど収益率が低下していく。そのため、投資がある程度増えれば貨幣保有の方がよくなって、資金は投資に回らなくなる。おまけに、そのときには需要不足が起こってデフレが続くから、貨幣保有はますます有利に、投資はますます不利になり、投資不足はさらに拡大する。

また、将来の収益予想については、不況で過度な将来不安があれば、たとえ利子率が下がっても投資は簡単には増えないから、投資を刺激するには、将来への楽観こそが重要だと指摘する。しかし、本当にそれが原因なら、新古典派経済学の考えている将来予想に悲観や楽観の偏りがない状態こそが基準の状態となり、不況は将来予想が悪い方に偏った特殊な状態ということになってしまう。[註15]

註15　最近行われている複数均衡の研究では、情報の不完全性や仕事探し（サーチ）、企業の独占的行動などを前提に、すべての市場の需給均衡を満たす状態が複数あることを示し、悲観か楽観かでどれが選ばれるかによって、所得水準が高かったり低かったりすることが明らかにされている。しかし、いずれの状態でも非自発的失業は存在していない。これについてはクーパー（R. W. Cooper, 1999）を参照せよ。

新古典派に組み込まれたケインズ理論

このようなケインズの論理構成では、物価が下がり情報が正しく伝われば、需要不足は解消するように見える。すなわち、消費の限界は実質残高効果を無視したから起こるのであって、その効果が働けば、物価が下落し貨幣の実質量が拡大するにつれて消費は増えていく。また投資については、流動性の罠があっても将来の収益予想の精度を上げて国民に示せば、過度の悲観による投資不足も、過度の楽観による過剰投資もなくなるはずだからである。

そうであるなら、ケインズ理論は新古典派の枠組みから一歩も出ていないことになる。新古典派の考え方とは、正しい予想のもとで貨幣賃金や物価がきちんと調整されていれば完全雇用は自然に達成され、不況が起こるとすれば、それは企業や労働組合の独占力や価格・賃金・需給に関する情報伝達の欠如など、様々な市場の欠陥によって、物価、貨幣賃金、利子率の調整がうまくいかないから、というものだからである。これではケインズ本来の、はじめに総需要水準が決まるから、貨幣賃金や物価が変動しても失業は改善されないという論理の根底が怪しくなってくる。

こうしてケインズ経済学は、完全情報のもとでの価格調整による均衡達成を中心的課題とする新古典派経済学の単なる一亜種として、新古典派経済学に組み込まれてしまった。[註16] 物価・貨幣賃金の固定性や情報の不完全性について研究する新古典派の一団をニュー・ケインジアンと呼ぶのも、物価や貨幣賃金の調整の終わった状態が新古典派の取り扱う世界で、そこに至る途中での短期的な状況がケインズの考える経済であるという多くの教科書の記述[17]も、すべてこのことを反映している。また、失業とは、現実の物価上昇が予想と異なる場合の短期的な現象であり、価格や賃金の動きが正しく予想される長期では、制度的な要因と自発的な選択で起こる「自然失業率」の水準に落ち着くというフェルプスやフリードマン（M. Friedman）の考え方も、このような発想の一例である。[18]

註16　ケインズの高弟のひとりであるジョーン・ロビンソン（J. Robinson）も、カーン（1984, 日本語版 p.311）において、ケインズ理論が新古典派に組み込まれた経緯について、同様の見解を表明している。
註17　このような記述は、たとえばスティグリッツ（1997, 日本語版 pp.176-177, pp.501-504）や中谷（2000, pp.72-74）にある。
註18　自然失業率の意味については、ローマー（1996）や齊藤（2006）に詳しい解説がある。

消費関数の弊害

ケインズが多くの精力を割いて分析した投資不足のメカニズムは、実は、需要不足を説明する上ではあまり重要でない。資本設備が十分に蓄積されれば投資の機会が減って、最終的には投資が消滅するからである。特に、資本設備が過剰であると言われる不況期には、実質利子率が下がっても民間企業が投資を増やすはずがない。そのため、投資不足をいくら説得的に説明したところで、そんなことははじめからわかっているということになる。長期不況を説明するのに決定的に重要なのは、投資不足よりも消費不足である。

新古典派の世界では、消費不足も起こらない。物価が下がって人々の保有する貨幣の実質価値が増えていけば、消費はいくらでも拡大するから、たとえ投資需要がゼロであっても需要不足にはならず、完全雇用生産量はすべて消費のために需要される。物価水準や貨幣賃金はそのあとで名目貨幣量に比例して決まるだけである（貨幣数量説）。

新古典派経済学の持つこの性質をケインズは消費関数をおくことによって回避したが、それでは同義反復で、消費は伸びないとはじめから仮定しているにすぎない。貨幣数量説は貨幣が実物経済に与える影響を無視していると言って、新古典派経済学を強く批判したケインズ自身が、消費関数の仮定によって、貨幣が消費に与える影響を無視してしまったのである。

問題はそれだけではない。消費関数を使って、公共投資が当初の投資額以上の所得増大をもたらすという乗数効果を導き出し、それを根拠に需要刺激策の重要性を強調したため、その後七〇年にもわたって経済政策の議論に大きな混乱を生み出した。小さな政府による効率追求か、積極財政による景気重視かという不毛な対立である。

乗数効果の誤りについては、すでに第2章第3節において詳しく議論した。その議論を一言で言えば、無駄な公共事業は失業手当とまったく同じで、何の波及効果もないということである。一定額を公共事業で支出するには、それとまったく同額の税金負担増がある。たとえそれが赤字公債でまかなわれても、税金負担が将来に移っただけで負担の現在価値は同じである。したがって、公共事業費にせよ失業手当にせよ、それによって需要の波及的拡大効果があるなら、その裏で税金が取られるときに同規模の需要の波及的縮小効果がある。そのため、波及効果はプラスマイナスでちょうど相殺されてしまう。

さらに、公共事業は直接お金を渡す失業手当とは違い、当初に物を買うから需要創出があると言われるが、それでも実質的な違いは生まれない。公共事業に関わる人件費はもちろん、中間財や原材料の購入も、すべて、それぞれの生産に関わる人々への人件費になるから、支払いの名目が失業手当か公共事業費かということでしかないからである。したがって、すべてを考慮したあとの実質的な違いは、公共事業によってできた物それ自体の経済価値だけであり、それが無駄ならすべての意味で失業手当と変わりはない。

それにもかかわらずケインズは、穴を掘って埋めもどすだけの無駄な公共事業であっても、失業手当よりはよいと言ってしまった。そのため、この発言がひとり歩きを始め、ケインズ主義とは無駄な公共事業を擁護するものと考えられるようになった。さらに、できた物やサービスの価値はともかくカネをまくこと自体が重要ということになれば、穴を掘らせる必要すらなく、購買力をまきさえすればよいことになる。こうして、手っ取り早く人々の人気を得ることのできる純粋なバラマキ政策、すなわち減税や補助金、果ては地域振興券（一九九八年）なるものまでが実行された。これではせっかくの購買力が空回りするだけで需要創出効果もなく、赤字国債ばかりがたまって大問題になったことは記憶に新しい。

公共事業の意義とは根拠のない需要の波及効果ではなく、うち捨てられていた貴重な労働資源を少しでも役に立つ物の生産に向けることである。その価値は、それによってできた物の価値のみによって判断されなければならない。ケインズは乗数効果などと言わずにこの点だけを強調し、それこそが真の効率化になると主張して、新古典派の小さな政府論に対抗すべきだったのである。

ケインズ政策の政治経済学的側面

結局ケインズは、物価や貨幣賃金が調整されても発生する需要不足を論証することには、必ずしも成功しなかった。さらに、消費の限界を設定するために安易に導入した消費関数がケインズ経済学の中心的な位置を占め、無意味な乗数効果が導かれ濫用されて、金額だけを問題にする財政出動の根拠となった。

しかし、乗数効果の有無とは無関係に、需要不足があるかないかによって経済政策の効果は一八〇度変化する。ケインズの貢献は、需要不足の可能性に注目することによって、不況における政策の考え方に重要な示唆を与えたことにある。需要が不足しなければ、新古典派の主張する節約や効率化、価格・賃金調整の迅速化などによる供給能力の拡大は、そのまま実際の生産量拡大につながって、経済を豊かにする。しかし、もし需要が不足するなら、これらの政策はかえって害悪をもたらす。供給能力を拡大しても、需要が足りなければそれを生かせず、それどころか需要不足が広がって不況が悪化するからである。そのとき、不況の解決には需要の構成要素である投資や消費を増やすしかない。

ケインズは、このうち投資不足を強調し、民間だけでは足りない投資を政府が補うべきだと主張した。しかし、意味のある投資機会は資本設備が蓄積されるにつれて減少するから、無理に投資を拡大すれば将来の生産力が増大し、ますます需要不足を引き起こす。そのため、需要の拡大には消費の刺激も重要になり、具体策として、消費性向の低い富裕層から消費性向の高い貧困層への所得再分配なども提案された。

本来、経済全体の効率的運営を目指したこれらの政策は、分配の側面から見ると、いずれも富裕層や成功者には都合が悪く、貧困層や失敗者には都合がよい。そのため、いつの間にか効率化という目的は忘れ去られ、衰退企業や失業者の救済が目的と思われるようになった。つまり、需要不足があるかないかという理論的対立から、だれを助けるかという思想的・階層的対立へと変容してしまったのである。こうして、それぞれの経済学が持つ前提やメカニズムについて深く考えずに、成功者は新古典派の効率化を、失敗者はケインズ政策を支持することになった。

また、ケインズ政策が実行される場合でも、そのとき成功している企業にとって都合のいいものだけが採用され、投資補助金や研究開発投資（R&D）補助金、投資環境の整備といった政策が出てくる。ケインズ政策が、効率とは無関係のカネの取り合いに利用されているのである。

さらに、ケインズ政策を行う場合には、実行のタイミングや公共事業の中身などを、民間ならすぐにわかる利潤という客観的指標に頼らずに判断しなければならない。そのため、高度な判断能力を持つ知的リーダーの必要性が強調され、果たして政治家や官僚にその能力があるかと批判された。いわゆる「ハーベイ・ロード（ケインズの生地名）の前提」である。

しかし、公共事業の意義とは、労働資源が余っている状態において彼らを活用することであり、失業者を雇えばもちろん、たとえ就業者を公共事業に回しても、それまで彼らが就いていた仕事の機会が失業者に回るから、機会費用はゼロである。すなわち、非自発的失業があるかぎり、表面的な採算を度外視して少しでも役立つ事業を行うことが重要で、これなら民間企業の経営よりもかえって判断しやすいであろう。また、一九三〇年代の大恐慌や現代日本の一五年以上にも及ぶ平成不況のように、不況が長期間続いているなら、政策のタイミングも問題にはならない。本当の問題は、ケインズ政策が多くの場合、政治的に強い影響力を持つ成功者に不利で、失敗者に有利であるということなのである。

そのため、ハーベイ・ロードの前提は、政策のタイミングや公共事業の中身に関する判断力が必要ということよりも、力のある成功者には都合が悪くても効率性の視点からは意味があるということを根気強く説得し、実行する意志の力を持つ政策的リーダーが必要だという意味で使うべきである。しかし現実には、力のある成功者に都合のよい政策の方が採用されやすい。このように、政治的に都合の悪い行動をしなければならないこと、これこそがケインズ政策の最大の困難かもしれない。

2　新しい不況理論

流動性選好と消費

需要不足から出発して非自発的失業の存在を説明する理論を展開するには、まず、消費の限界を決めるメカニズムを提示しなければならない。投資は資本が蓄積されるにつれて自然に減ってくるものであり、その量に限界があるのは明らかだからである。消費関数に頼らず消費の限界を説明することについては、すでに第3章で述べたように、ケインズ自身がその重要なヒントとなる議論を展開していた。流動性の罠と時間選好率や流動性プレミアムなどの利子の多面性に関する議論である。

流動性の罠が起こるのは、人々の貨幣保有願望（流動性選好）がいつまでも残るからである。このとき、何と比較しての願望かと言えば、ケインズは実物投資との比較でしか考えなかった。すなわち、個人の収益資産の貯蓄を通して実物投資に回る資金量が増えていけば、そこから生まれる収益は下がっていく。しかし、貨幣保有に回せば、そこから得られる流動性の便益はなかなか下がらない。そのため、いくら物価が下がって貨幣の実質量が拡大しても、実物投資に回る資金には限界があり、貨幣保有ばかりが増えていく。実物投資が増えれば雇用は増えるが、貨幣はいくら保有しても雇用が増えないから、投資需要の限界は雇用不足を引き起こす。

しかし、人々が貨幣を保有するとき、収益資産との比較だけでなく消費との比較も行う。消費するか、使わずに貨幣としてとっておくかという選択である。消費が増えていくと、さらに消費を増やすことによって得られる効用の増分は減っていく。これに対して貨幣保有量を増やしても、さらに持ちたいという気持ちは減退しないから、消費が控えられる。そのため物が売れなくなり、企業にとっても生産設備を拡充する意味がなくなるから、投資も減少する。その結果、総需要が減って企業収益も悪化するし失業も増えるから、所得が減少する。つまり、流動性選好の持続と消費願望の減退が、消費だけでなく企業の収益予想悪化を通して投資をも抑制し、総需要とそれによって実現される総所得を低水準にとどめてしまう。これが著者の提唱する「不況動学」の考え方である。

図16　需要決定メカニズムの比較

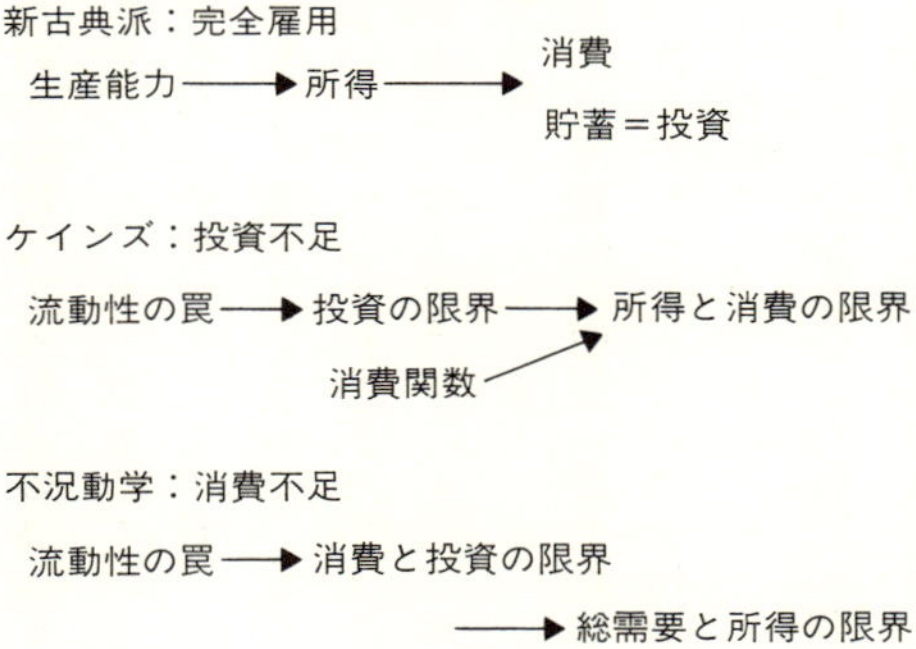

これを新古典派やケインズの考え方と比較すると、図16のようになる。まず新古典派体系では、生産能力に応じた所得が生まれ、それを使い切るように消費と投資が決められる。そのため、必ず完全雇用が実現される。次にケインズ体系では、流動性選好が減退しないことが原因で発生する流動性の罠が、利子率を高止まりさせて投資を抑制する。そのため、所得が減って消費も控えられ（消費関数）、総需要が不足する。これに対して不況動学の体系では、流動性選好がもたらす流動性の罠が、実物投資に回るはずの購買力とともに、消費に回るはずの購買力も吸い込んでしまう。そのため、消費も投資も減って総需要が不足し、所得を引き下げる結果となる。

流動性の罠による利子の高止まりが投資を抑え、需要不足を引き起こすというケインズの主張に対して、新古典派は、たとえ投資が止まっても、物価の下落による実質貨幣量の増大が実質残高効果を生んで消費を拡大するから、需要不足はあり得ないと批判する。しかし、不況動学の視点から見れば、投資を止める利子率の高止まりと消費を止める実質残高効果の消滅は、同じ流動性の罠の働きが投資に現れたか消費に現れたかという違いにすぎないことがわかる。すなわち、この二つは同じ原因で起こっており、一方が働けば他方も必ず働くのである。

なお、流動性の便益は現金だけが持っているわけではなく、あらゆる資産がいろいろな程度で持っており、その差は金利や収益率などとして現れる。そのため、株式や債券、土地など他の資産でも、貨幣の一種として購買力を吸い込む可能性がある。これがバブルである。このとき、資金は資産投資家の間を行き来するだけで、生産設備などへの実物投資に回されるわけではないから、物やサービスへの需要は増えずに、資産価格だけが上昇することになる。

消費と貯蓄の選択

流動性の罠を資産選択の理論としてだけでなく、消費と貯蓄の選択についても適用する考

図17　資産選択と消費貯蓄選択

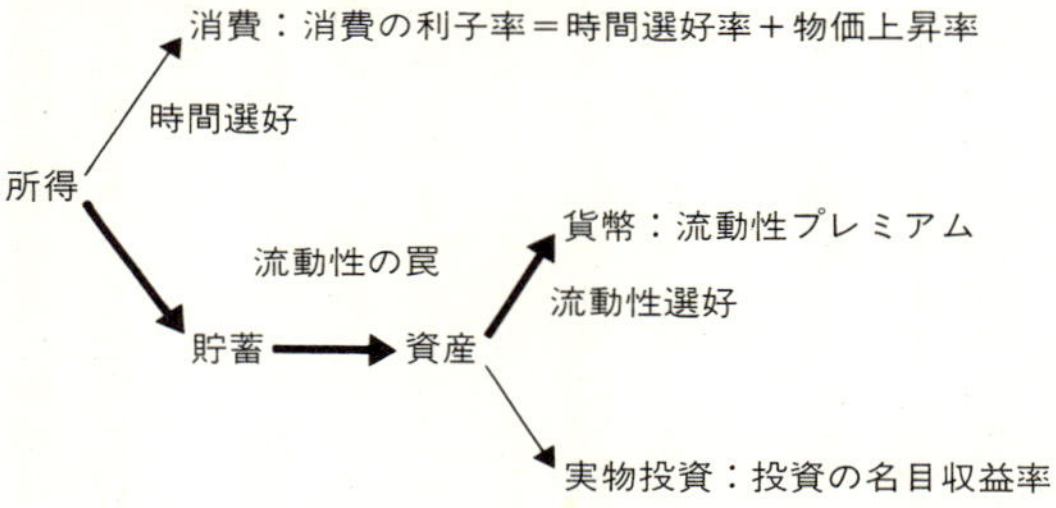

え方について、もう少し詳しく解説しよう。[註19]

図17に示されるように、人々は毎月の所得を消費に回して使ってしまうか貯蓄に回して資産を増やすかを決めるとともに、貯蓄された資産の構成を決める。前者の消費貯蓄選択は新古典派的な時間選好を反映し、後者の資産選択行動はケインズ的な流動性選好を反映している。

　もし貯蓄して貨幣保有を増やせば、流動性プレミアム分の便益を得る。また、収益資産を増やせば利子が手に入る。人々は、この二つの利子率を比較しながら、これらが等しくなるような資産構成を決定する。これが流動性選好に基づく資産選択行動である。

　このとき、どちらの資産を選んでも一定期間消費せずに我慢することになるから、将来それを使うさいにはある程度の消費量の増加がなければ不満である。この程度を表す指標が時間選好率であり、消費を一定期間延期する我慢をちょうど補償するだけの消費の増加分によって表される。また、この間に物価が上昇すれば金融資産の価値はその分だけが下がるし、物価が下落すれば金融資産の価値は上がる。したがって、貯蓄によって被る損害は、時間選好率＋物価上昇率（あるいは時間選好率－物価下落率）である。これが貨幣単位で測られた消費の利子率である。

資産選択によって、流動性プレミアムと収益資産の名目利子率とが等しくなっているから、消費と貯蓄の選択では、流動性プレミアムと消費の利子率とを比較する。流動性プレミアムが消費の利子率を上回れば貯蓄を増やした方が有利であるし、下回ればいま消費した方がよい。こうして人々は、流動性プレミアムと消費の利子率とがちょうど一致するように消費量を決める。これが時間選好に基づく消費貯蓄選択行動である。つまり、人々は流動性選好と時間選好という選好の二つの側面を両立させるように、消費と資産構成を決めているのである。

ここで流動性の罠があれば、購買力が貨幣にいくら向かっても流動性の便益は下がらないが、有利な投資機会や消費への欲望は、それぞれ投資や消費が増えるにつれて減退する。そのため、実物投資や消費には限界がある一方で、貨幣は購買力を限りなく吸い込み、需要不足の状態が続く。すなわち、飽くことのない貨幣保有願望を持つ人々が、みずからの持つ流動性選好と時間選好を両立させるように総需要を決めるが、その水準が完全雇用生産量と両立する保証はないということである。

註19　以下の分析については小野（1996）に詳しい。また、動学的最適化に基づく数学的な展開は、小野（1992, 1994）に示されている。

総需要の決定メカニズム

流動性プレミアムとは、消費と比べた相対的な流動性選好の強さ（貨幣保有と消費の限界代替率）であるから、消費が増えるにつれて上昇する。すなわち、それ以上消費を増やすのはもったいないから、節約して貨幣として持っておこうと思う、ということである。

他方、時間選好に基づいた消費の先延ばしコストを表す消費の利子率は、物価上昇率が高くなるほど上昇し、低くなるほど低下する。その理由は、消費を先延ばしすると、インフレなら物価が高くなって損であり、デフレなら安くなって得だからである。また、物価上昇圧力は総需要が大きくなるほど高まるから、消費の利子率も総需要の増大にともなって上昇する。

経済の均衡はこれらの利子率が一致するところで達成されるが、そのとき決まる総需要が完全雇用生産量に一致するという保証はない。経済全体の生産能力があまりに高ければ、完全雇用を実現するほど消費を増やすと、流動性プレミアムが上昇して消費の利子率を超えてしまう。そのため、人々は貨幣でとっておこうとして消費を減らすから、デフレが起こって消費の利子率が低下し、同時に流動性プレミアムも下落する。こうして、この二つの利子率が一致したとき経済は均衡に達し、需要不足による失業とデフレが続いたままの状態が継続する。

この状態では生産能力が余っているから、新規投資は行われない。また、消費は一定水準にとどまるから、実質利子率は一定消費のもとでの消費の先延ばし我慢補償分、すなわち時間選好率に等しくなる。以下では、一定消費のもとでの時間選好率を一般のそれと区別して、「主観的割引率」と呼ぶことにする。

なお、新古典派が前提とする完全雇用の場合においても、資本が十分に蓄積されて投資が止まり、生産能力がすべて消費に向けられる長期的な状態では、消費は一定水準にとどまるから、実質利子率は上記の主観的割引率と等しくなる。したがって、不況動学で記述される不況は、実質利子率の調整不備が原因ではない。このことは、不況動学の考え方がニュー・ケインジアンとはまったく異なることを意味する。ニュー・ケインジアンは、第3章で紹介したスティグリッツとワイス（1981）のように、貸し手と借り手の情報の非対称性が実質利子率の調整を阻害して資金の割り当てによる投資抑制を引き起こすと考えたり、後述するクルーグマン（1998）のように、実質利子率の高止まりが消費を過小にすると考えたりしているからである。

消費が増えるにつれて貨幣でとっておきたいという気持ちが膨らみ、流動性プレミアムが上昇するという性質は、図18における右上がりのℓ曲線によって表されている。他方、消費の先延ばしコストを表す消費の利子率も物価変化率の増加とともに上昇するから、右上がりのπ曲線によって与えられる。

図18　総需要分析

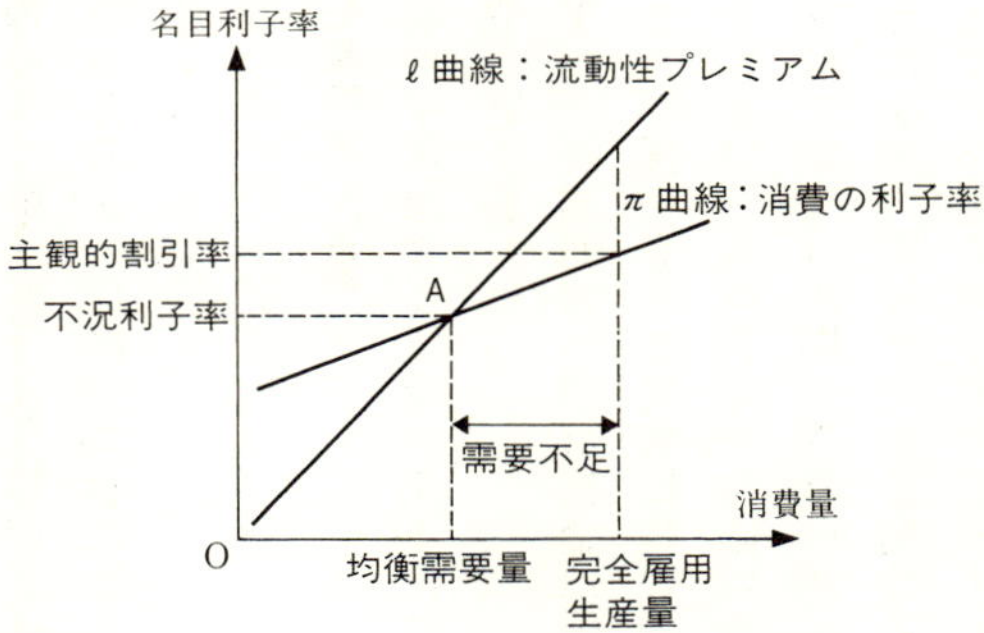

ここで生産能力が十分に高い経済を考えると、消費需要が完全雇用を実現するほど高ければ、人々はそんなに消費するのはもったいないから貨幣でとっておこうと思う。このことは、そこまで高い消費を行えば、流動性選好が時間選好を上回り、図18においてℓ曲線の値がπ曲線の値を超えることを意味する。このとき人々は消費を減らすから、流動性プレミアムも消費の利子率もそれぞれの曲線にそって左下方向に低下し、最終的に消費がA点の水準まで減少したとき一致する。その結果、生産能力が余って投資は行われず、需要不足でデフレが起こったまま経済は均衡に達する。

この図から、ケインズの示した中立利子率と自然利子率の違い（第3章第3節参照）も明らかになる。中立利子率とは完全雇用のもとでの名目利子率であるから、図中に示される主観的割引率に等しく、自然利子率とは不況均衡に対応する不況利子率を表している。

失業均衡の性質

需要不足によって発生する非自発的失業の状態について、ケインズは次の二つの性質が成り立つと主張した。

(1) 不況局面では貨幣賃金は低下し、実質賃金は上昇する。

(2) 不況のもとで貨幣賃金の調整を速めれば、かえって不況を悪化させる。

これらは、貨幣賃金や物価の固定性によって失業が起こると考える新古典派やニュー・ケインジアンでは説明できないが（第2章第1節参照）、流動性プレミアムと消費の利子率との一致によって需要不足を説明する不況動学分析なら、いずれも説明することができる。

まず、不況局面での実質賃金と貨幣賃金の動きについて調べてみよう。いま、人々の貨幣保有に対する欲望が拡大したとしよう。このとき、人々は財布のひもを締めて消費しないから、物が売れず雇用が低下する。貨幣保有願望の拡大は、図19において流動性プレミアムを示すℓ曲線の上方シフトによって表される。それによって、二つの利子率の交点で与えられる均衡点はAからBに移動し、消費が減ってしまう。

失業が拡大すれば、貨幣賃金はこれまで以上の速さで低下する。また、労働投入量の減少は個々の労働生産性を上昇させるから、各企業は限られた総需要のもとでシェアを拡大しようとして価格を引き下げる。値引き競争は実質賃金を引き上げ、それが労働生産性（限界生産力）の水準になるまで続くから、結果的に就業者の実質賃金は高くなる。このように、貨幣賃金の下落と実質賃金の上昇が同時に発生するのである。ここでは、はじめに総需要が決まり、それに対応して貨幣賃金や物価が下がり、それが実質賃金を上昇させるというケインズ的な因果関係が成立している。

平成不況においても、総需要の縮小で失業者が増える一方で、企業に残った人々はこれまで以上に働かされた。企業も限られた需要を確保しようと価格競争に走って物価は下がり続けた。こうして、職を維持した者と失った者との実質的な所得格差が広がったのである。

図19　流動性選好と不況

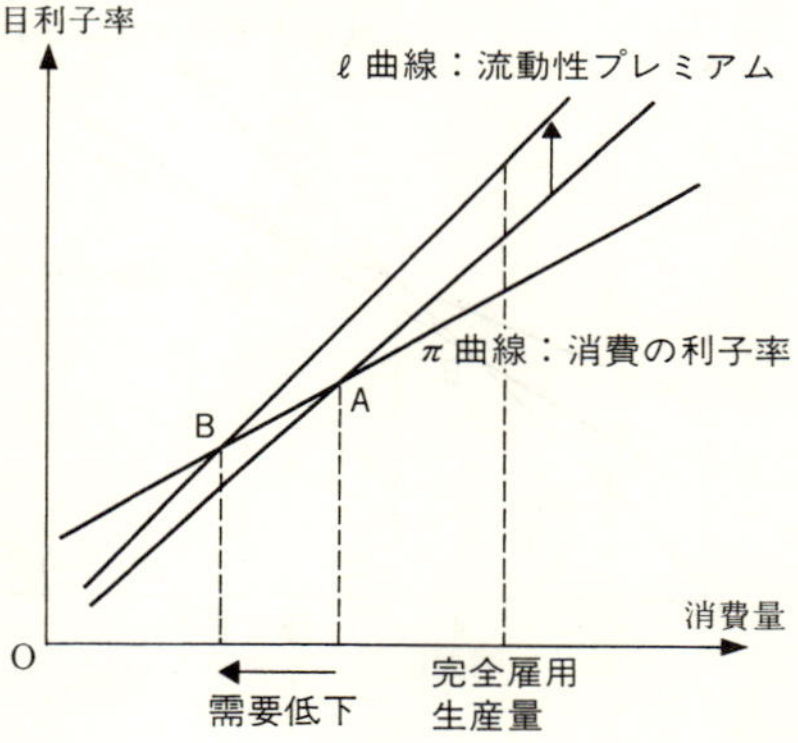

次に、貨幣賃金の低下を加速すれば不況が悪化するという第二の性質を確かめてみよう。非自発的失業が発生してデフレ状態にあるときの貨幣賃金調整の迅速化は、デフレの加速を意味する。そのため、買い控えが有利になって消費の利子率が下がり、消費願望よりも貨幣保有願望が強まる。その結果、消費が抑えられて総需要が下がり、失業がさらに広がることになる。

この性質は、図20を使えば簡単に導き出すことができる。経済がA点にあって貨幣賃金の調整速度が速まれば、同じ消費需要のもとでのデフレが加速する。この変化は、消費が完全雇用水準を下回ってデフレが発生している領域（C点の左側の領域）において、消費の利子率を表すπ曲線が下方にシフトすること、すなわち、π曲線がC点において反時計回りに回転することによって表される。その結果、経済はA点からB点に移動し、消費は以前より低下してしまう。

このように、ここで求めたような不況をともなう均衡状態では、ケインズの主張した二つの性質がそのまま成り立っている。

図20　貨幣賃金調整の迅速化

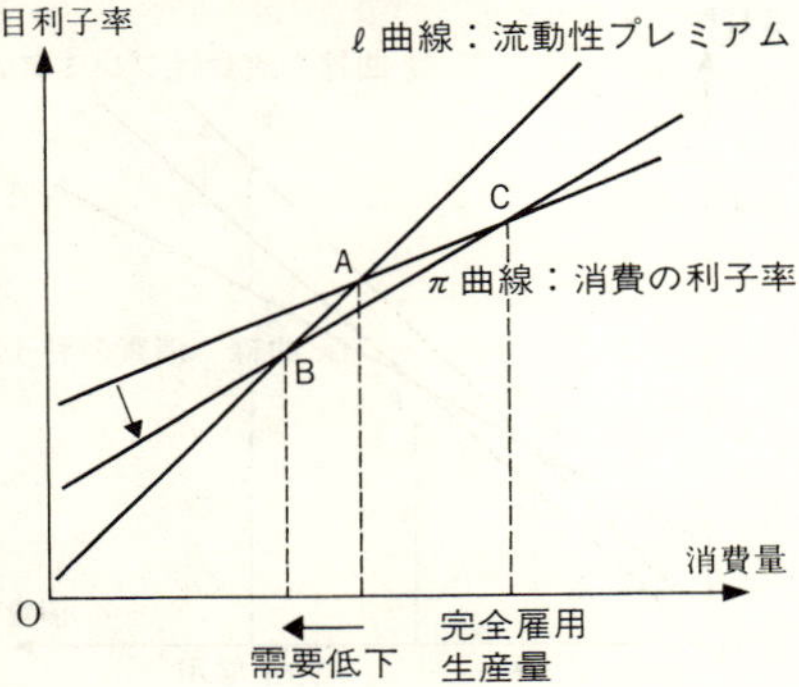

図21　生産性向上

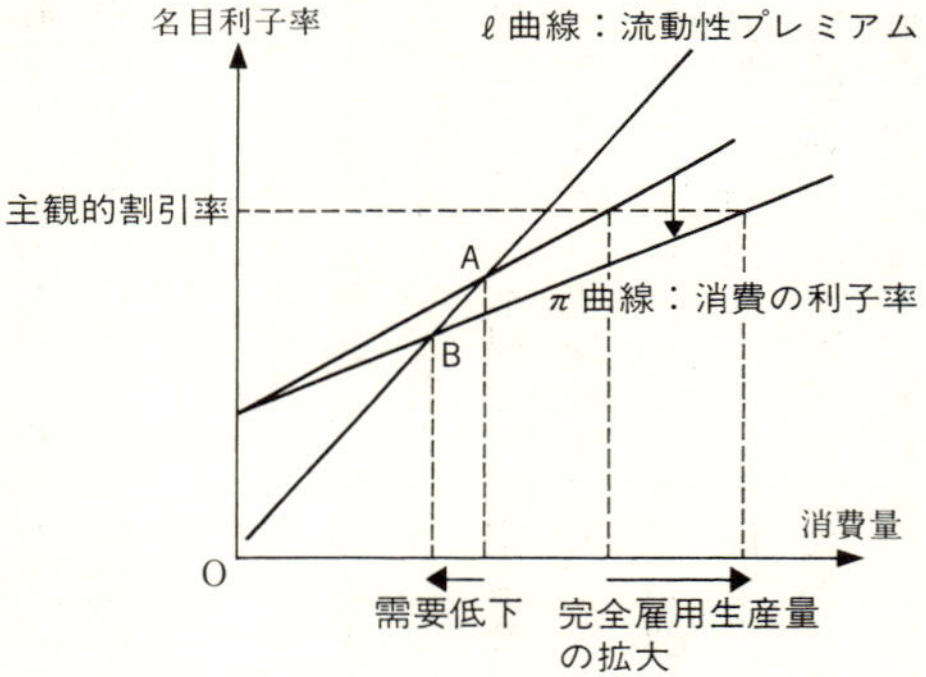

生産効率化

小泉政権の推進した構造改革では、生産性の向上によって景気を回復させようとした。完全雇用を前提とする新古典派経済学の枠組みでは作った物は必ず売れるから、生産性向上は確かに総需要の増大にもなる。しかし不況下では、効率化によって同じ量を生産するのに必要な労働量が減れば、労働市場での人余りが拡大する。それがデフレを激化させ、消費先延ばしと貨幣保有を有利にするから、消費を抑制する。このように、不況下での生産性向上は、完全雇用の場合とは反対に、人々の消費を減らして非自発的失業を増加させてしまうのである。

この効果は図21によって確かめられる。生産性向上は完全雇用のもとで達成可能な生産量を拡大させる。しかし、失業を増やして同じ消費量に対応するデフレを悪化させるから、消費の利子率（＝消費の先延ばしコスト）を表すπ曲線は矢印に示されるように下方に移動する。そのため、均衡点がAからBに移動し、消費が低下することになる。

平成不況においてもこの現象が実際に起こっている。不況によって利益率が低下した各企業は、生産性向上を目指して人員削減を進めたため、失業率が上昇してデフレが悪化した。このことが人々に消費を手控えさせ、ますます需要が減って企業の人余り状態が続いた。このような状態に遭遇し、構造改革を旗印にする政府は、非効率な企業の退出や企業内の人減らしは構造改革の成果であるとたたえ、なお一層の効率化を奨励した。このことが失業をさらに増やして、不況を深刻化させたのである。

一九九九年の社長就任以来、深刻な営業不振に陥っていた日産自動車を驚異的な早さで回復させたカルロス・ゴーン氏の改革は、「ゴーン改革」として賞賛されている。ゴーン改革の実態は、図22に示される日産の売上高と営業利益の推移に現れている。社長就任後の三年間で営業利益は急速に伸びたが、売上高はほぼ横ばいであった。その後、徐々に売上高が伸び始めた頃には、営業利益の伸びは止まっている。このことは、日産の急速な回復が、自動車の販売を増やして多くの人々に自動車の便益を提供したからではなく、二万人規模の大量解雇などで大幅なコスト削減を行い、効率化を図ったためであることを如実に表している。

この改革が日産だけにとどまるなら、いかに大量解雇であっても日本全体の失業率に影響を与えることはないから、自動車の売れ行きに変化はなく、解雇された従業員の犠牲のもとで日産一社の業績が改善するだけに終わる。しかし、日本中の企業がこれを見習えば、図21を使って分析したように、失業が増えてデフレ圧力が高まり、日本全体での消費意欲が減退して物が売れなくなるから、各企業の業績もかえって悪化してしまう。すなわちゴーン改革は、一社だけの改革にはなり得ても、日本経済全体の改革にはなり得ないのである。

図22　日産自動車の業績推移

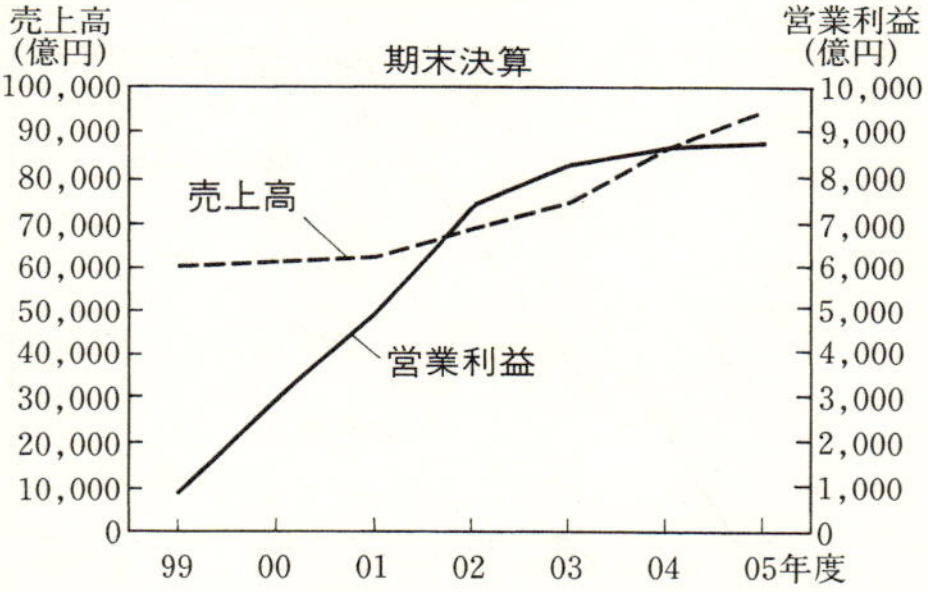

（出典）日産自動車HP「IRライブラリー決算資料」http://www.nissan-global.com/JP/IR/LIBRARY/FINANCIAL/index.html.

物の魅力と好況

高度成長期の日本では、図23に示されているように、洗濯機、掃除機、冷蔵庫、テレビ、車など、それまで家庭になかった魅力的な新製品が次々と発売され、物の魅力が貨幣の魅力を凌駕《りょうが》して、人々はローンを組んでまでそれらの購入に走った。節約と無駄の排除を旨とする現代の構造改革の立場から言えば、そのような行動は各家庭までも不良債権化して景気の回復を抑えるはずである。しかし、現実には各家庭が不良債権化するどころか所得が大きく伸びて、日本は高度成長をとげた。

図23　主要耐久消費財の普及率

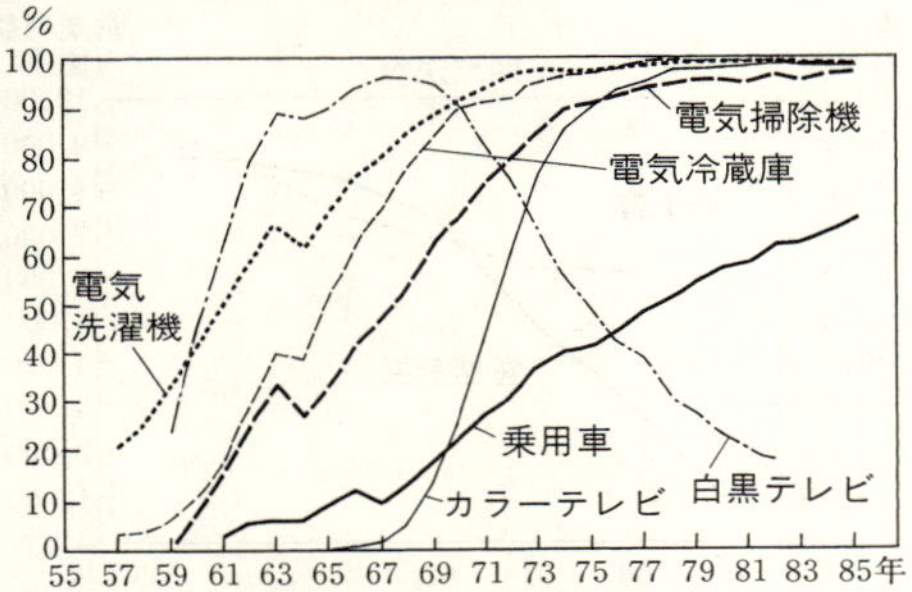

（出典）『家計消費の動向』（各年版）内閣府

魅力的新製品によるこうした景気拡大効果も、流動性プレミアムと消費の利子率との比較によって説明することができる。物（やサービス）の魅力が貨幣の魅力に比べて相対的に上がってくれば、物に比べた貨幣の相対的魅力を表す流動性プレミアムは低下してくる。そのため、貨幣をためておくよりも消費をしたいと思い、総需要が増えるから所得も拡大する。消費の拡大は新たな投資を生んで、経済は消費と投資が両方とも伸びたのである。このように、景気変動は貨幣の魅力と物の魅力との綱引きによって生まれる。物の魅力が勝てば物の購入が増えて好況になるし、貨幣への執着が勝てば物が売れずに不況になる。

この現象は図24によって示される。物の魅力が貨幣の魅力に勝ってくれば、流動性プレミアムを表すℓ曲線は下方にシフトする。そのため、消費の利子率と流動性プレミアムが一致する均衡状態はA点からB点に移動し、それにつれて消費水準も拡大することになる。

これと同様の効果は、税金や補助金によって、相対的に消費意欲の低い富裕層から高い貧

図24　消費意欲の拡大

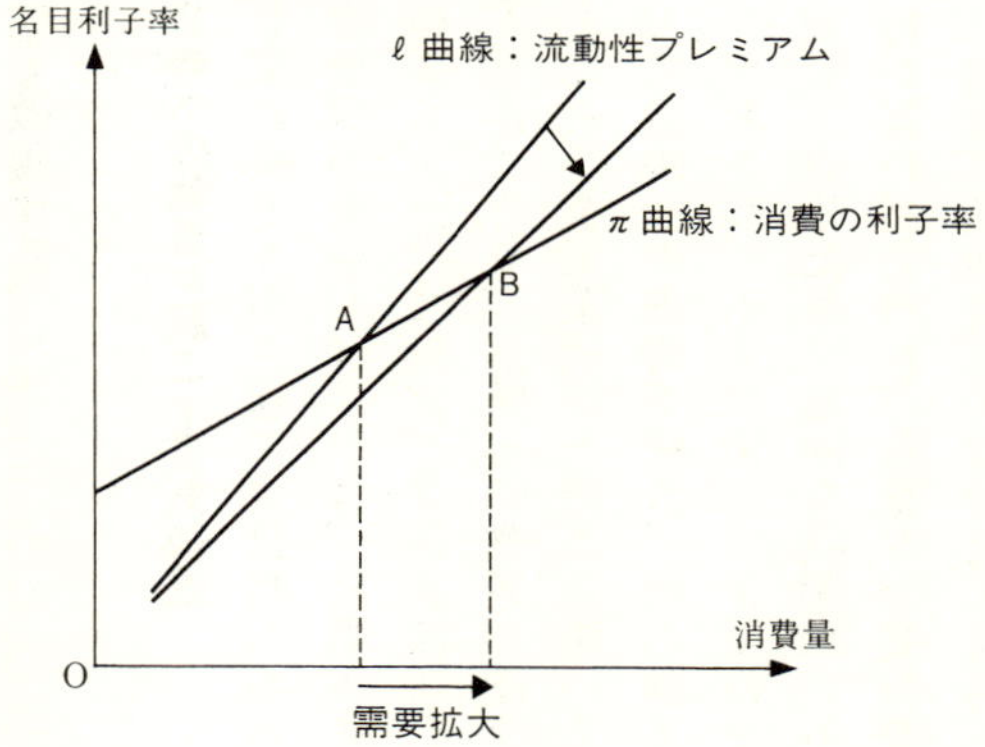

困層への所得再分配を行うことによっても得られる。人は金持ちになればなるほど消費を増やしていくが、その増加率は徐々に下がってくる。このことは、富裕層から貧困層への所得の再分配が、消費意欲と比べた流動性選好の強さ（＝流動性プレミアム）の社会的平均水準を引き下げることを意味する。そのため、社会全体としての貨幣で持っておくより消費したいという意欲が高まり、需要が増えていくから所得が増大する。この効果も、図24におけるℓ曲線の下方シフトによって示される。それによって経済はA点からB点に移動し、消費需要が拡大するのである。

なお、この政策が結果的に富裕層には不利に、貧困層には有利に働くかと言えば、必ずしもそうではない。新古典派が考えている完全雇用の世界では、富裕層から貧困層への所得再分配は必ず前者に不利に、後者に有利に働くが、余剰生産能力がある場合には、総需要が増えて企業収益が改善するから、富裕層にも恩恵が来る。また、税収も増えるから財政状態も改善する。

貨幣への執着が起こす景気後退

景気の後退を引き起こす貨幣への執着はどうして起こるのか。金融危機や企業倒産などの不安要因が発生しなければ、貨幣への執着は小さく購買力は物に向かう。そのため、企業の稼働率も上がって効率や業績が改善し、設備が不足して投資も増える。株価も上昇して日本中が豊かになり、貨幣への執着の度合いはさらに下がる。

ところが企業業績が予想より悪いとか、銀行が危ないとかいう悪い情報が入れば、不安になって貨幣への執着が膨れ、物の購入が減る。それでも悪い情報が続かなければ一過性のものと理解され、不安は消えて景気はすぐに回復する。しかし、危険情報が度重なると不安が拡大し、自分たちは危険な状態にいるとの確信に至る。そうなると、貨幣への執着が高まって物が買い控えられ、失業も企業倒産も増えていく。このとき安心を得るために個人がいくら節約して資金をためようとしても、所得が下がって、ためる資金がなくなる。さらに、株価や地価も下がって資産総額が減っていくから、消費の減少はますます広がる。状況がここまで悪化すると不安は簡単には解消されず、不況は長期化する。

そこから回復するのは、新たな不安材料の途切れる状態が長く続いて人々の不安が徐々に取り除かれ、流動性選好が下がってからである。すなわち、不況脱出には不安を拡大させない状態を地道に積み重ね、人々に安定状態にいるという確信を強めてもらうしかない。しかし、それを待てない政府は不良債権だ国債累積だと騒ぎ立ててますます不安を煽り、財政削減や人員削減を推奨して失業を拡大させる。そのため、人々は流動性選好を強め、物が売れずに所得が下がって税収も大幅に減少するから、財政収支は逆に悪化してしまう。

実際、不況の深刻化は、一九九八年に実施された橋本政権下の財政構造改革と二〇〇一年以降の小泉政権下の構造改革始動直後に起こった。さらに、赤字国債が激増したのは九八年であったし、歴代政権でもっとも財政赤字を蓄積したのは小泉政権であった（図25）。

図25　日本の財政赤字

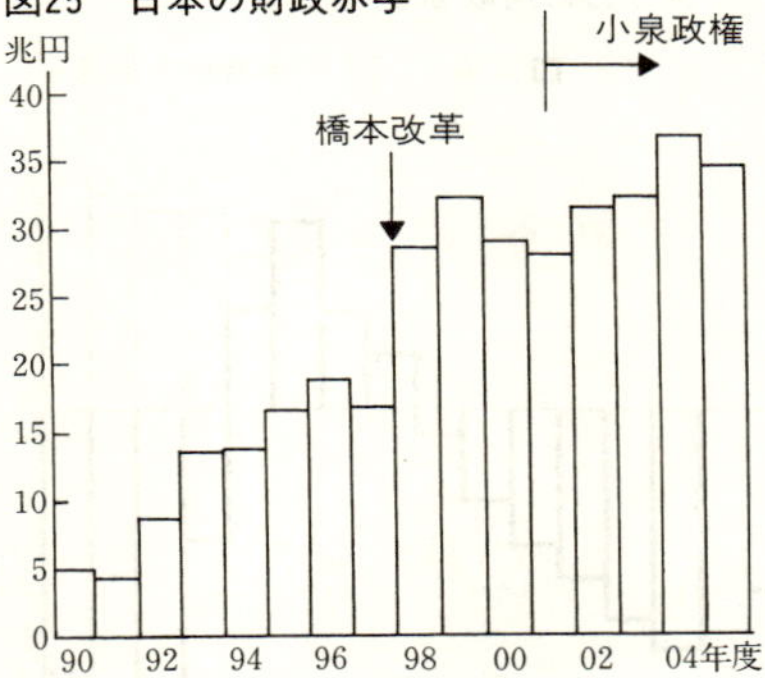

（出典）『日本の財政』平成３～18年度版（東洋経済新報社）

景気後退によって起こる財政の悪化はアメリカでも起こっている。一九九九年当時、ＩＴバブルの絶頂にあったクリントン政権は、みずからの経済運営を自画自賛して財政状況が改善の一途をたどると予想していた。しかし、ブッシュ政権になってＩＴバブルがはじけると景気の後退が始まり、財政黒字ど

図26　アメリカの財政赤字

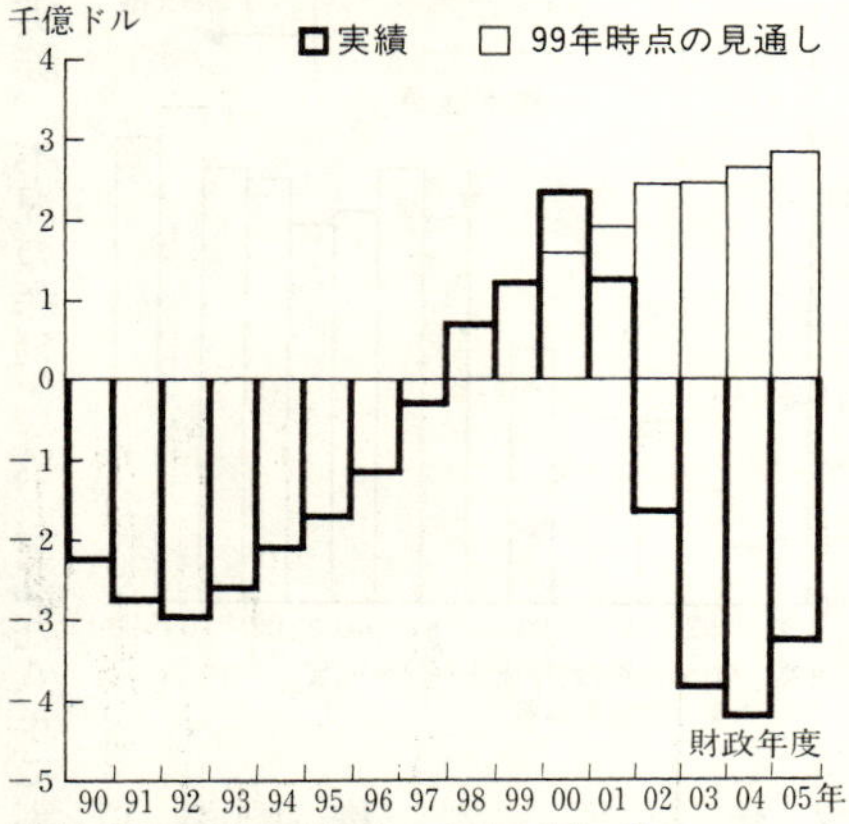

（出典）Congressional Budget Office,“The Economic and Budget Outlook : An Update” http://www.cbo.gov/fipdocs/13xx/doc1386/e&b07-99.pdf

ころか赤字がどんどん膨らんでいる（図26）。このように、財政再建は景気を回復させないかぎりほとんど不可能である。

世代交代がもたらす景気循環

需要を圧迫して景気低迷をもたらす節約礼賛と貨幣への執着は、株価が三分の一にもなるバブル崩壊のショックを経験した人々に特に強い。彼らは、資産価格はいつ暴落するかわからないという不安を抱え、少々景気が回復しても簡単には拭《ぬぐ》えず、バブルの反省ばかりを唱えて貨幣への執着を持ち続ける。そのため、彼らが経済の中核を担っているかぎり景気回復は難しい。本格的な回復には、悪夢の経験を持たないまったく新しい世代の登場が不可欠である。

バブル崩壊から、はや一六年が過ぎようとしている。現在の三〇歳は当時はまだ中学生でバブル崩壊の実感はない。彼らが消費や資産取引で中心的役割を担う頃、日本経済は自信を取りもどして次の成長が本格化するであろう。すでにその兆しはある。たとえばインターネット専業の楽天証券で二〇〇五年八月に口座を開いた人の六割が、三〇歳代以下であった（二〇〇五年九月十五日付「日本経済新聞」）。こうして景気は新たなサイクルに入り、再び好況とバブル、およびその崩壊が繰り返されるであろう。発達した資本主義経済には、一世代を周期とする景気のサイクルが存在するのである。

図27　NYダウ過去10年平均成長率（%）（1918-2006.3月末）

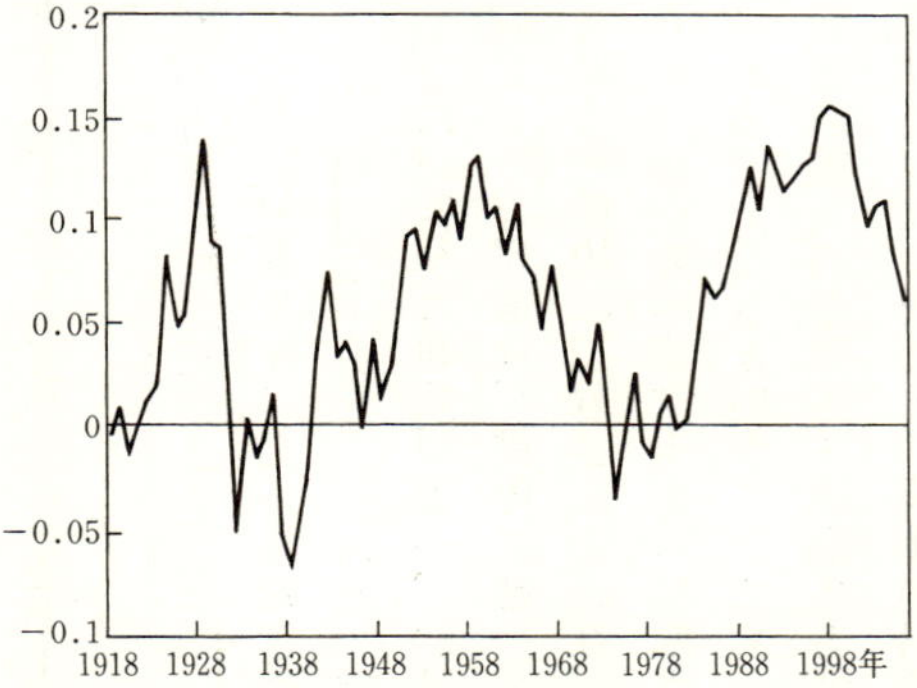

（出典）ダウ・ジョーンズ・ジャパンHP

　このような景気の変動は、一時の熱狂は収まったもののまだまだ強いと言われているアメリカ経済でも逃れられない。実際、図27に示されているアメリカ株価の動きを見ると、三五年ほどの周期を繰り返している。これは経済活動に関する一世代がそっくり入れ替わる期間と一致する。

　世代交代が引き起こす循環には、災害の周期と共通するメカニズムが働いている。一九三三年の三陸沖《さんりくおき》地震によって発生し、死者約三〇〇〇人、流失倒壊家屋約七〇〇〇戸という大被害をもたらした津波の直後、寺田《てらだ》寅彦《とらひこ》は災害の周期について

「津浪《つなみ》と人間」というエッセイを残している。

昭和八年（一九三三年）三月三日の早朝に、東北日本の太平洋岸に津浪が襲来して、沿岸の小都市村落を片はしからなぎ倒し洗い流し、そうして多数の人命と多額の財物を奪い去った。明治二十九年（一八九六年）六月十五日の同地方に起ったいわゆる「三陸大津浪」とほぼ同様な自然現象が、約満三十七年後の今日再び繰り返されたのである。

同じような現象は、歴史に残っているだけでも、過去においてなんべんとなく繰り返されている。歴史に記録されていないものがおそらくそれ以上に多数にあったであろうと思われる。現在の地震学上から判断される限り、同じことは未来においても何度となく繰り返されるであろうということである。（中略）

災害直後、時を移さず政府各方面の官吏、各新聞記者、各方面の学者がかけつけて詳細な調査をする。そうして周到な津浪災害予防案が考究され、発表され、その実行が奨励されるであろう。

さて、それからさらに三十七年経ったとする。その時には、今度の津浪を調べた役人、学者、新聞記者は、たいていもう故人となっているか、さもなくとも世間からは隠退している。そうして、今回の津浪の時に働きざかり分別ざかりであった当該地方の人々も同様である。そうして災害当時まだ物心のつくかつかぬであった人たちが、その今から三十七年後の地方の中堅人士となっているのである。三十七年といえば、たいして長くも聞こえないが、日数にすれば一万三千五百五日である。その間に朝日夕日は一万三千五百五回ずつ、平和な浜辺の平均水準線に近い波打際を照らすのである。津浪にこりて、はじめは高いところだけに住居を移していても、五年たち、十年たち、十五年二十年とたつ間には、やはりいつともなく低いところを求めて人口は移っていくであろう。そうして運命の一万数千日の終りの日が忍びやかに近づくのである。鉄砲の音に驚いて立った海猫が、いつの間にかまた寄って来るのと本質的の区別はないのである。（中略）

しかし、少数の学者や自分のような苦労症の人間がいくら骨を折って警告を与えてみたところで、国民一般も政府の当局者も決して問題にはしない、というのが、一つの事実であり、これが人間界の自然法則であるように見える。

この法則は、バブル崩壊と世代交代がもたらす約三五年周期の景気循環にも、当てはまるようである。

需要刺激策の意味

需要不況に陥った経済では、どのような政策が有効だろうか。人々が消費量を決めるとき、消費せずに貨幣で保有する場合のコストを表す消費の利子率と、貨幣保有の便益を表す流動性プレミアムとの比較を行って、消費の利子率が上回れば消費を増やし、下回れば減らす。そのため、消費需要を刺激するには消費の利子率を引き上げるか、流動性プレミアムを引き下げる政策を行えばよいということになる。ここでは、需要を作れば人々の所得が増えてさらに需要を拡大するというような、乗数効果の誤った論理は使われていない。消費を有利にしたり貯蓄を不利にしたりして、人々の消費貯蓄行動に直接働きかけることだけを考えているのである。

まず、消費の利子率を引き上げる方法を考えよう。消費の利子率とは現在の消費を我慢して将来に回すことのコストである。デフレが起こっていれば、消費を先延ばしするほど物価が下がって得だから、消費先延ばしコストを表す消費の利子率は下がる。逆にデフレを緩和すれば、買い控えを不利にして消費を刺激する効果を持つ。

デフレ緩和手段の一つとして、政府が公共事業によって労働需要を増やし、人余りを減らすということが考えられる。そうすれば、貨幣賃金と物価の下落が抑えられて消費を刺激する。このことは図28に示されている。いま経済がA点にあって、需要が完全雇用生産量を下

図28　公共事業

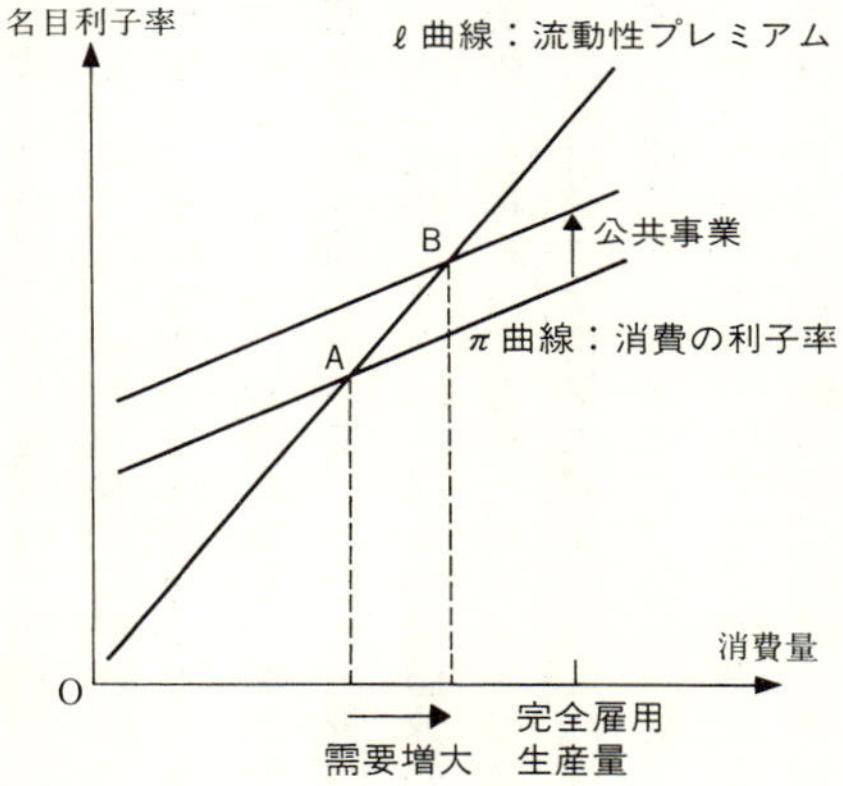

回っているとしよう。このとき公共事業で人を雇えば、失業が減ってデフレ圧力が縮小するから、消費の利子率を表すπ曲線が上方にシフトする。そのため、消費の利子率と流動性プレミアムが一致する消費水準はA点からB点に移動し、消費が拡大するのである。

乗数効果の論理とは異なり、ここでは公共事業に使った金額は重要ではない。重要なのは、どの程度人余りを改善し、それによってどの程度デフレを緩和したか、ということなのである。そのため、平成不況期の日本のように三〇〇万人から四〇〇万人もの完全失業者があり、企業の稼働率も大幅に低下しているような状況で、公共事業によってわずか数万人程度の雇用を作っても、デフレにはほとんど影響がないから、需要拡大効果もあまり期待できない。

経済団体連合会（経団連）や日本商工会議所は、橋本内閣の引き締め政策による急激な景気後退に直面し、一九九八年十月、国債の元利支払いを除いた規模で一〇兆円の追加の財政出動を行えば、目に見える景気効果が期待できるという提言を発表した。[註20] さらに、それを受けた小渕恵三《おぶちけいぞう》内閣は、第三次補正予算においてそれを実行した。しかし、こうした金額重視の姿勢は誤った乗数効果の論理を念頭にしたもので、ほとんど意味がない。それによって直接的に何人雇ったかということと、それによってできた物やサービスがどのくらいの価値があるのかが重要なのである。

第2章第3節において、たとえ消費関数を前提としても公共事業には乗数効果などないが、作り出した物やサービス自体の価値分の意味はあることを示した。しかし、上記の分析から、不況動学の枠組みで考えた場合、この結論には若干の修正が必要となる。すなわち、失業手当と公共事業には景気に対する効果に若干の違いがあり、その違いとは、前者では失業者が職探しを続けるが、後者では公共事業で雇われた期間中は職探しをやめる、ということである。そのため、失業手当では労働需給に影響を及ぼさないが、公共事業で人を雇えば人余りを減らしてデフレを緩和し、消費需要を刺激する。すなわち公共事業には、それ自体が作り出す物やサービスの価値と、デフレ緩和による需要刺激という二つの効果がある。

ここで示される需要刺激効果は、ケインズが乗数効果によって主張したような大きなものではなく、デフレ緩和を通して現れるだけの限られた効果でしかない。もちろん、ほとんどの失業者を雇い入れるような大規模な公共事業を行い、企業の稼働率を大幅に引き上げれば、デフレに目に見える効果を及ぼして、総需要に大きな影響を与えることもできよう。歴史上、不況に陥った国が大規模な戦争によってデフレを克服し、景気を回復させるのはこのためである。しかし、国内が直接戦争の被害にあえば、景気回復どころではない。また、たとえ被害が直接自国には及ばず国内の生産設備が破壊されなくても、戦争が終わって労働供給が回復すれば、戦後不況が訪れてしまう。この程度の効果のために多くの人々の生命を危険にさらす意味はない。

註20　http://www.keidanren.or.jp/japanese/journal/CLIP/clip0090/cli010.html
http://www.jcci.or.jp/nissyo/iken/G981015b.html

インフレ・ターゲット論の根拠

前述の公共事業の目的は、公共事業で作る物やサービスの便益を得るとともに、それが労働需給を改善してデフレ圧力を緩和し、人々の消費意欲を高めるということである。このうち後者と同じ効果は、政策当局が人為的にインフレを作り出すことができれば得られる。二〇〇〇年頃から話題となっているインフレ・ターゲット政策も、このような発想で理解することができる。すなわち、同じ失業率のもとで発生するインフレ率が上昇（デフレ率が緩和）すれば、図28に示されている公共事業のデフレ緩和と同様の効果を持つ。そのため、消費の利子率であるπ曲線が上昇し、貨幣保有よりも消費が有利になって、消費が拡大する。

しかし、どのようにして人々にインフレ期待を持たせるかという肝心の点については、明確な方法がわからない。たとえば日本銀行がこれからインフレだと言ったところで、だれも信用しないであろう。実際、平成不況のもとで日本銀行は懸命に貨幣供給を増やして、市中の貨幣量を増やそうとしたが、現実には貸出金は増えず、金融機関の信用創造を含む広義の貨幣の総量は増えていかなかった。深刻な不況下で貨幣量の拡大ですら困難な状況で、どのようにしてインフレを起こすことができるのであろうか。

インフレ・ターゲットに関するクルーグマン（1998）の議論では、現在と将来の二期間からなる経済を考え、現在の物価は高水準に固定されているが、将来は売れ残りがなくなるように物価が調整されると仮定している。そのとき、もし将来の貨幣供給量が少なく、そのため、将来時点において物価が大きく下がると予想されれば、物の購入をそれまで待った方が有利であるから買い控えが起こる。それでも、名目利子率が十分に低くなれば、貯蓄が損になって消費を刺激することができる。しかし、名目利子率はマイナスにはなれないから、名目利子率引き下げによる消費刺激には限界がある。そのため、将来貨幣量を大きく増やすと宣言し、大幅なインフレが起こると思わせれば、人々は消費の先延ばしは損だと思って消費を増やす。

この議論では、人々は将来時点において完全雇用が実現されると確信しているから、そのときになって中央銀行が貨幣を大量に発行すれば、物価は必ず高まると信じている。しかし、現実の経済では、いつ完全雇用が達成されるのかよくわからない。さらに、いつかはインフレになるとしても、それに応じて消費を増やすのは、インフレが実際に起こりそうになってからでも遅くはない。それなら、目下はデフレが起こっているのにいつ起こるかわからないインフレを信じて、いまから消費を増やす人はまずいないであろう。

さらに、この議論における重要な仮定は、現在の物価が動かないという点にある。[註21] もし現在の物価が低下すれば、消費が増えて需要不足は解消する。したがって、これでは物価の固定性が需要不足をもたらすというニュー・ケインジアンの一例であって、ケインズ本来のまず需要不足ありきという構造にはなっていない。このような場合には、人々が本当に信じてくれるかどうかもわからないインフレ・ターゲットなどに頼らなくても、新古典派の言うように、現時点での価格破壊を奨励し、貨幣賃金もどんどん下げていけば、総需要は伸びるはずである。しかし現実には、物価や貨幣賃金が下がっても、また雇用の流動化を推進しても、なかなか景気は回復しない。

註21　クルーグマン（1998，日本語版 p.33）を参照せよ。

3 景気対策の政治経済的側面

財政出動の目的

これまでの議論からわかるように、景気対策とは、余った労働資源を活用して経済全体の効率の改善を目指すものであり、景気の自律回復を促すためでもなければ、貧困層救済などの再分配を目的とした社会政策でもない。一度景気が悪化すれば、本格的な景気回復には世代交代などによって経済への確信が回復するまでの長い期間が必要であり、その間、景気対策を行っても景気の回復効果はほとんどないし、あっても一時的でしかない。それでも労働資源が使われずに放置されれば無駄が積み重なり、少しでも役立つことに使えば経済全体の効率はよくなる。景気対策はそのためにこそ必要なのである。したがって、非自発的失業がある場合には、効率化か財政出動かという対立軸の設定は誤りであり、財政出動こそが効率化なのである。

これに対して完全雇用が成立していれば、投入コストに見合わない公共事業は、効率の視点から見てやめた方がよい。人が余っていないのに、民間企業で賃金に相当する働きをしている労働力を吸収し、賃金に見合わない公共事業をさせれば、経済全体の効率は低下する。

このように、ケインズ的需要創出政策も新古典派的市場主義も、その目的は効率化であり、それが本当に効率化をもたらすか否かは、総需要が不足しているかどうかに依存する。

ところが平成不況下の日本では、人が余り、何とかして彼らを働かさなければ効率の改善は見込めないのに、効率化か財政出動かという議論が延々繰り返された。その理由は、表面的には経済の効率化を叫びながら、実際には、政治家も国民も経済全体の効率化などほとんど眼中になく、自分にとって有利か否かしか考えていないからである。

職に就けない人に働く場を与えるにも、困難に陥った企業に仕事を与えるにも、いずれも資金が必要であり、その資金は、職に就いて所得を得ている人からの所得税や、事業を継続している企業からの法人税などによって集めるしかない。つまり、高額の税金を納める階層、すなわち成功者から資金を取って、仕事のない企業や個人、すなわち失敗者に支払うことになる。

前節で述べたように、経団連も日本商工会議所も、九八年の橋本内閣による引き締め政策で金融危機が起こったさいには、自分たちのところに仕事が来ることを期待して大幅な財政出動を要求していた。ところが、それには資金が必要であり、その資金は主に自分たちのような成功した個人や企業からの税金でまかなわれるということがわかった頃から、小さな政府、税率のフラット化による税負担の公平化を言い出した。つまり、日本経済回復のためと言いながら、実際には、自分たちにとっての目先の利害だけを考えて、主張が一八〇度転換しているのである。

小さな政府推進政策の一環である公務員数の削減問題も、公務員が非効率だから減らすべきだという議論にすり替えられてはいるが、実際は税金を取って公務員に支払うのはけしからんという、純粋に分配の問題である。その証拠に、職を失う公務員をどこで吸収し活用するかという本当の意味での効率化の視点が、完全に欠落している。おまけに「天下り反対」というスローガンのもとで、辞めた公務員の再就職を禁止する政策まで取り沙汰《ざた》されている。公務員が天下りで高額の報酬をもらうのは不公平であるが、効率面から見れば、彼らに働く場を与えずに放置する方がもっと悪い。

つまり、効率が重要だと言いながら分配面だけで議論しているのである。不当に高額な給料を禁止するのは当然だが、効率面から見て本当に行うべきは、仕事場を確保して彼らの能力を生かすことである。

市場原理の誤解と格差社会

何が本当の効率化かという点についての誤解は、民間企業の構造改革にも現れている。小泉政権下では、無駄を排除するために効率の悪い労働者をリストラし、業績のよくない企業を整理して退出させれば、経済全体が効率化すると主張されている。小泉首相（当時）も二〇〇一年十二月に青木建設が倒産したさいには、「構造改革の成果」と言って倒産を肯定的にとらえている。しかし、これでは競争に負けて生活に困る者がますます増える。そのため、市場主義に基づく構造改革は格差を広げるからよくないという批判も出ている。

このような格差社会の是非に関する議論は、格差を肯定する側も批判する側も、市場主義は効率化をもたらすという認識においては共通している。しかし、それは誤りである。

働きたい者は職を探しさえすればすべて職を得ることができるという新古典派的状況では、市場主義は確かに効率化をもたらす。効率の悪い労働者をリストラしても他にいくらでも仕事はあるから、もっとその人に合った仕事に就くことができる。また、まじめに働かない人や効率の悪い企業に安易に補助金を渡したり、低利の融資をしたりすれば、働く意欲も鈍るし生産性向上も怠り、労働力も無駄に使われるから、生産量は下がってしまう。

しかし、需要が足りずに失業者が大勢いる状況では、市場主義にしたがって、無駄の排除のために物やサービスの購入を抑え、余った労働者を解雇しても、彼らが効率的な職場に移るどころか失業が増えるだけである。それによってデフレが悪化し、需要はさらに減るから、経済全体の生産活動が低下して効率が下がってしまう。効率を上げるには、補助金や政府系金融の充実などの政策介入により、業績が悪くても何とか企業を存続させて、働かずに放置される労働力を減らすしかない。

環境問題に取り組みノーベル平和賞を受賞したケニヤのマータイ(W. M. Maathai)氏は、二〇〇五年二月の来日中に小泉首相(当時)と会談し、「もったいない」という日本語に感銘を受けたと述べた。この言葉は構造改革における節約の精神と合致したため、その後、あちこちでもてはやされ使われた。

マータイ発言は限られた天然資源や環境について述べたものであり、その意味で使われるなら理解できる。また、多くのアフリカ諸国のように生産力の低さが原因で貧困が広がっているなら、この言葉を消費の制限や労働力の節約に当てはめるのも正しい。それによって余った分が他に回り、生産量を拡大するからである。

しかし、それをそのまま現在の日本における節約や財政縮減の奨励に濫用するのでは、本当の意味で何がもったいないかをまったく理解していないことになる。日本にある資源とは労働資源であり、労働資源はためることができず、使わなければそのまま無駄になる。そのため、需要不足で労働力が余っている状況で節約や公共事業の縮減を闇雲《やみくも》に奨励すれば、かえって労働力が使われずに本当の意味でもったいない状況を作ってしまう。

このように、新古典派の市場原理が効率化をもたらすためには、需要不足がなく完全雇用が成立していることが必須《ひっす》条件である。不況で失業があるにもかかわらず市場原理の貫徹が効率化に結びつくと信じている人たちは、市場原理の意味を完全に誤解している。

「結果の平等」と「機会の平等」

市場原理の誤解は、結果の平等では経済は活力を失って効率が下がるから、機会の平等を推進すべきだという構造改革派の主張においても見られる。そこで言う機会の平等とは、競争に負ければ倒産して働く機会を失うという事態も含めて、言われている。しかし、本当に効率を追求するための機会平等を主張するなら、その前にまず働きたい者には働く場が必ず与えられる状況を作らなければならない。

成功している個人や企業が、倒産や失業も含めた意味での機会平等を支持する本当の理由は、経済全体の効率化ではなく、単にそれが自分たちにとって都合がいいからである。ライバル企業が減れば、生き残った企業にとっては都合がよい。個人にとってもライバルが減れば、競争も軽減できるし職場も確保できる。彼らの言う効率化とは成功者だけにとっての効率化であり、日本経済全体の効率化ではない。そもそも働かない者を増やす政策によって、経済全体の効率化を実現できるはずがない。

構造改革派による雇用流動化の主張も、成功した個人や企業の利益追求にすぎない。好況でいくらでも就業機会はあるのに、雇用情報が不足して適当な仕事を見つけられなかったり、

図29　民間企業の経常利益と平均給与

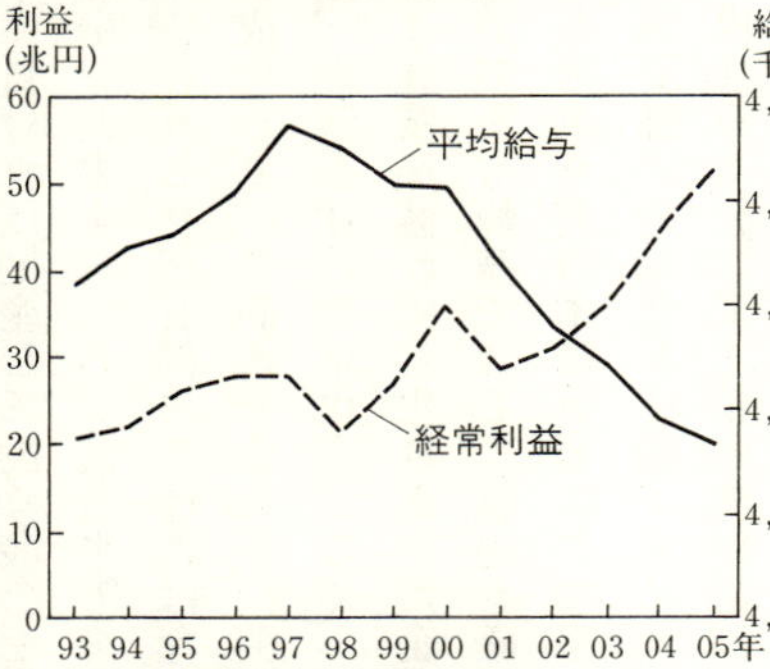

（出典）『財政金融統計月報』財務省
『民間給与実態統計調査結果』国税庁

正社員が労働組合の保護によって不当に高い賃金を得ていたりするというなら、雇用流動化も必要であろう。しかし、実際に好況であった一九八〇年代末期には、雇用流動化どころか日本的長期雇用が礼賛され、雇用流動化の必要性が叫ばれ始めたのは、失業率が跳ね上がった二〇〇〇年以降のことである。需要不足で不況が起こっているなら、いくら臨時契約を増やしても、経済全体で働くことのできる人数は決まっているから、その分常勤労働者が減るだけで失業総数は減らない。したがって、不況期の雇用流動化は効率化には結びつかない。

他方、成功した企業の利益誘導という点から見れば、雇用流動化は大変都合がいい。臨時雇いを増やせば賃金も引き下げられるし解雇も容易になるから、個々の企業のもうけは増える。しかし、総労働時間は変わらないから日本経済全体の効率は改善せず、企業がもうけた分、労働者の所得が下がるだけである。実際、民間企業の平均給与は一九九八年から二〇〇五年まで毎年下がり続けているのに、企業の経常利益は特に小泉政権発足以降、大きく上昇し続けている(図29)。

現代日本の政治構造

結局、新古典派経済学の市場原理に基づいて行われた構造改革とは、ほとんどの場合、効率とは無関係の、成功者による利益誘導である。その証拠に、不況のときこそ単純な市場原理は効率化に結びつかないのに、不況になるほど余裕がなくなってこのような主張がなされる。

他方、これに反対する勢力も自分の支持者の便益のみを優先した政策を訴える。いわゆる抵抗勢力は、地元選挙民の支持を得るために自分の選挙区での公共事業を拡大しようと画策し、左派政党は福祉重視を強調して貧困層からの支持を得ようとする。これらの政策には、日本経済全体の効率化によって実際に生産される総量を拡大し、成功者も失敗者も、都市部も地方も、すべてがその恩恵を享受できるようにするという発想はない。効率化を標榜《ひょうぼう》する構造改革も実態はこれと同じであり、力のある成功者からの支持を得るための利益誘導にすぎない。

成功している個人や企業にとっては、自分の利益が守られているかぎり、日本経済全体の効率や失業対策など、どうでもよい。失業保険料も取られず、税金も納めず、ライバル企業や政府企業が排除され、自分さえ働く場が確保されて好きに物を売ることができれば、あとはどうでもよい。そうした利己的な分配要求をためらいもなく効率のためと言えるところに、構造改革がこれほど支持される理由がある。

日本が経験した程度の不況であれば、こうした政策を支持する成功者の方が圧倒的に多いから、構造改革の主張が力を持つ。しかし、不況がさらに深刻化して失業者や貧困層が増え、福祉政策という形で「カネをよこせ」と言う人々が増えれば、ケインズ政策や社会政策の方がより多くの支持を得るであろう。いずれにしても国民全体の利益ということは眼中になく、富裕層も貧困層も、成功者も失敗者も、「他の人はどうでもいいからとにかく俺にカネをよこせ」と言うだけである。

個人や階層を比較してだれが多くもらうべきかという問題には、皆が納得する正しい答えなどない。一方では豊かな者が貧しい者を助けるのは当然だと言い、他方では能力のある者が多くもらうのは当然だと言う。このような状態では、数の力で解決するしかない。

利益誘導から真の効率主義へ

経済政策は、本来、国民全体の利益を目指すべきであり、そのためには分配よりもまず経済全体の効率を改善し、与えられた資源のもとでもっとも多くの付加価値を生み出すことを考えるべきである。それが実現されてはじめて、すべての人にとって現状より望ましい分配が可能になるからである。

その実現は、好況であれば難しくはない。各企業が一所懸命自己の利潤を追求し、個人が自分の予算の範囲で好きな物やサービスを買って自己の幸せを追求するだけで、効率化が自動的に達成され、国民全体の利益になる。本来、市場制度はこうした人々の利己的欲求と経済全体の効率を一致させる素晴らしい制度である。しかし、それがうまく機能するには完全雇用が保証されていなければならない。「神の見えざる手」が政策的な是正なしに自動的に働くのは、一九八〇年代末の日本や九〇年代末のアメリカのような好況の最盛期だけなのである。

これに対して非自発的失業のある不況期には、「合成の誤謬」が成立し、市場原理に基づく自己利益の追求だけでは、経済全体の効率はかえって下がる。そのとき、市場制度がうまく働いて真の効率化に結びつくようにするには、まず失業を減らさなければならず、それには、利益が生まれない事業でも生産活動を続けることなど、個々の企業や個人の立場から見ればコストがかかって無駄だと思えるような政策でもする必要がある。したがって、富裕層か貧困層かという特定集団への利益誘導型の政党ではなく、国民全体の経済価値を追求する真の意味での効率追求政党が必要なのである。

しかし、人々に政治に対する信頼がなく、いまコストを払えばそれがいつ自分のためになるかわからないと思っていれば、いくら需要不足によって起こる非自発的失業の可能性を論証し、その場合の効率追求のあり方を示し、それに基づいた政策を提示しても、なかなか支持はされない。さらに、政党にとっての最大の関心事は選挙に勝つことであり、そのためには面倒な説得を放棄し、自分の支持層にとっての目先の利害だけを訴えた方が、手っ取り早く票を得ることができる。こうした傾向は特に小選挙区制ほど強くなる。

この点では、平成不況下の日本でも一九二〇年代のイギリスでもまったく同じであった。当時のイギリスでは、保守党が資本家階層の利益擁護を目指し、労働党が労働者の権利を主張して、所得分配をめぐる争いになった。ケインズは、企業家などの中産階級を代表する自由党に期待したが、小選挙区制のもとで次第に支持を失っていったのである。[註22]

しかし、このような政策がいまの日本で支持を得るのは絶対不可能かと言えば、そうではないかもしれない。皮肉にも、構造改革を推進した小泉政権が、その政策によって得をする大企業や高所得者層だけでなく、損害を被る人々をも巻き込んで、あれほどまでに支持されていたことが希望を与える。彼らは目先の利益よりも効率化が重要という言葉に引かれたからである。

そうであれば、何が本当の効率化かという点について正しく説明し、それが理解されれば、目先の利益だけではない全体的な視野に立つ政策も支持されよう。そうなってはじめて、ただの取り合いではない経済学的に意味のある政策論争ができる。これこそがケインズの望んだことではないだろうか。

註22　伊東（1962, pp.32-46）やスキデルスキー（R. Skidelski, 1996, 日本語版 pp.83-91）にその経緯が詳しく記述されている。

あとがき

貨幣とは、人類の発明のなかで、もっとも効率的で魅力的なものではないだろうか。貨幣をめぐっては様々なドラマがあり、運良く大枚をつかんで幸せの絶頂に至る人もいれば、お金のために犯罪に荷担して人生を棒に振る人さえもいる。日常生活においても、我々はいつも店の前で「これが買いたいけれどお金がもったいない、どうしよう」と葛藤《かっとう》しているような気がする。人々の生き方にこれほどまでに影響を与える発明品は、貨幣以外にあるだろうか。しかも、それがただの紙、あるいは通帳に印字されモニターに映し出されたただの数字で、それを作るのに何のコストもかからないのである。

伝統的な経済学は、これほど魅力的なものへの人々の欲望を真正面から考えてはこなかった。ケインズは、それまで脇役だった貨幣を人々の直接的な欲望対象としてとらえ、流動性選好という概念を確立した。それによって、貨幣が物やサービスに向かうべき購買力を限りなく吸い込み、物が売れずに不況になるというメカニズムが明らかになった。

そこではケインズは、貨幣が吸い込む購買力として投資に回る資金しか考慮せず、そのため、投資不足が中心的な役割を果たす不況理論が生まれた。しかし、考えてみれば、流動性選好は投資に流れ込む購買力だけでなく、消費に流れ込む購買力も吸い込むはずである。さらに、ケインズ自身が指摘しているように、不況においては資本設備が余って投資をする必要はないため、投資不足の説明はそれほど重要ではない。つまり、流動性選好による需要不足という発想からすれば、流動性選好を消費にこそ結びつけるべきだったのである。

しかし、ケインズはそうせず、消費については、価格の動きとは無関係に所得だけに依存し、所得が増えなければ消費も増えないという単純な消費関数を仮定してしまった。それによって、家計の消費貯蓄行動から予算制約という概念が捨て去られ、また、所得さえ増えれば消費は増えると考える乗数効果が出現して、無駄な公共事業でもよしとする政策提言が生まれた。さらに不幸なことに、これがケインズの中心的アイディアとして広まり、マクロ経済学となって価格調整機能と予算制約を重視する新古典派経済学との整合性を失った。また、二つの経済学を無理に親和させるためには価格の固定性を導入せざるを得なくなり、不況理論は価格が調整されない場合の新古典派経済学の一亜種という地位に落とされてしまった。

こうして、政策の分野では効率化か景気刺激かといった無意味な景気論争を呼び、理論の世界ではケインズの主張が矮小化《わいしょう》化されて、ニュー・ケインジアンとして新古典派理論に組み込まれていった。本文中に紹介したように、その後のマクロ経済学は、もっぱら物価や賃金の固定性、情報の不完全性、生産側の要因が変動することによる経済活動の変動メカニズムが主なテーマとなって、数え切れないほど多くの研究を生み出し、数多くのノーベル賞まで獲得しながら、ますますケインズの意図から離れていったのである（J・R・ヒックス〔1972〕、M・フリードマン〔1976〕、J・トービン〔1981〕、F・モディリアーニ〔1985〕、R・E・ルーカス・Jr〔1995〕、G・アカロフ〔2001〕、J・E・スティグリッツ〔2001〕、F・E・キドランド〔2004〕、E・C・プレスコット〔2004〕、E・S・フェルプス〔2006〕）。

しかし、消費関数を捨てて、流動性選好と消費を直接関連づける消費の利子率という概念を導入すると、不況の説明に物価と賃金の固定性もいらなくなるし、乗数効果も消え、流動性の罠とも投資の限界とも利子の理論ともかみあい、新古典派的な消費者行動理論ともつながる。それによってケインズ的な非自発的失業の性質を満たす需要不足が現れ、ケインズ的な政府の役割も復活する。すなわち、『一般理論』というジグソーパズルに残された最後のピースは「消費の利子率」であり、それを使うことによって私のパズルが完成した。

今後、日本の景気は徐々に回復し、あと二〇年もすれば再び好況とそれに続くバブル崩壊が起こるであろう。そのとき、不況のメカニズムがさらに詳しく解明されていたとしても、需要不足が原因で不況が起こるかぎり、再分配という副作用を持つケインズ的な需要創出政策は必要になろう。そうなったとき、一九三〇年代のケインズの時代や二〇〇〇年前後の日本のように、目先の利益だけにとらわれた人々によって、政府の介入か構造改革かの論争が展開され、その間に失業が拡大して、貴重な労働資源が無駄になるという事態だけは繰り返されないことを期待したい。

参考文献

アカロフ＝イェレン（一九九〇） G. Akerlof and J. Yellen, "The Fair Wage-Effort Hypothesis and Unemployment," *Quarterly Journal of Economics*, vol.105, pp.255-283.

アレン（一九三一）『オンリー・イエスタデイ 一九二〇年代・アメリカ』藤久ミネ訳（一九九三）ちくま文庫（F. L. Allen, *Only Yesterday : An Informal History of the 1920's*, New York : Harper）

アレン（一九四〇）『シンス・イエスタデイ 一九三〇年代・アメリカ』藤久ミネ訳（一九九八）ちくま文庫（F. L. Allen, *Since Yesterday : The 1930's in America*, New York : Harper）

伊東光晴（一九六二）『ケインズ』岩波新書

大村敬一（一九九九）『現代ファイナンス』有斐閣

小野善康（一九九二）『貨幣経済の動学理論』東京大学出版会

小野善康（一九九四）Y. Ono, *Money, Interest, and Stagnation*, Oxford U. P.

小野善康（一九九六）『金融』岩波書店

小野善康（二〇〇〇）『景気と国際金融』岩波新書

小野善康（二〇〇五）「グローバル化と資本」『資本主義の未来を問う』第一四章、日本経済新聞社

小野善康（二〇〇六）Y. Ono, "Fallacy of the Multiplier Effect : Correcting the Income Analysis," ISER Discussion Paper No.673, Osaka University, http://www.iser.osaka-u.ac.jp
カーン（一九三一）R. F. Kahn, "The Relation of Home Investment to Employment," *Economic Journal*, vol.41, pp.173-198.
カーン（一九八四）『ケインズ「一般理論」の形成』浅野栄一・地主重美訳（一九八七）岩波書店（R. F. Kahn, *The Making of Keynes' General Theory*, Cambridge U. P.）
キドランド＝プレスコット（一九八二）F. E. Kydland and E. C. Prescott, "Time to Build and Aggregate Fluctuations," *Econometrica*, vol.50, pp.1345-1370.
クーパー（一九九九）R. W. Cooper, *Coordination Games : Complementarities and Macroeconomics*, Cambridge U. P.
クラウワー（一九六五）R. W. Clower, "The Keynesian Counter-Revolution : A Theoretical Appraisal," in F. H. Hahn and F. P. R. Brechling（eds.）, *The Theory of Interest Rates*, London : Macmillan, pp.103-125.
クルーグマン（一九九八）『クルーグマン教授の〈ニッポン〉経済入門』山形浩正訳（二〇〇三）春秋社（P. Krugman, "It's Baaack!! Japan's Slump and the Return of the Liquidity Trap," *Brookings Papers on Economic Activity*, no.2, pp.137-187）
ケインズ（一九三六）『雇用・利子および貨幣の一般理論』塩野谷祐一訳（一九八三）『ケインズ全集』日本語版第七巻、東洋経済新報社（J. M. Keynes, *The General Theory of Employment, Interest

and Money, London : Macmillan)

齊藤誠（二〇〇六）『新しいマクロ経済学　新版：クラシカルとケインジアンの邂逅』有斐閣

スキデルスキー（一九九六）『ケインズ』浅野栄一訳（二〇〇一）岩波書店（R. Skidelski, *Keynes*, Oxford U. P.)

スティグリッツ（一九九七）『マクロ経済学　第2版』藪下史郎・秋山太郎・金子能宏・木立力・清野一治訳（二〇〇一）東洋経済新報社（J. E. Stiglitz, *Economics*, 2nd ed., New York : Norton)

スティグリッツ＝ワイス（一九八一）J. E. Stiglitz and A. Weiss, "Credit Rationing in Markets with Imperfect Information," *American Economic Review*, vol.71, pp.393-410.

寺田寅彦（一九三三）「津浪と人間」『科学と科学者の話　寺田寅彦エッセイ集』池内了編（二〇〇〇）岩波書店、一八〇－一八八頁

中谷巌（二〇〇〇）『入門マクロ経済学』第4版、日本評論社

根岸隆（一九八〇）『ケインズ経済学のミクロ理論』日本経済新聞社

林敏彦（一九八八）『大恐慌のアメリカ』岩波新書

バロー＝グロスマン（一九七六）『貨幣・雇用およびインフレーション』加藤寛孝・大住栄治訳（一九八二）マグロウヒル好学社（R. J. Barro and H. I. Grossman, *Money, Employment and Inflation*, Cambridge U. P.)

ハンセン（一九五三）『ケインズ経済学入門』大石泰彦訳（一九八六）東京創元社（A. H. Hansen, *A Guide to Keynes*, New York : MacGraw-Hill)

ピーコック＝ワイズマン（一九六七）A. T. Peacock and J. Wiseman, *The Growth of Public Expenditure in the United Kingdom*, 2nd ed., London : Allen & Unwin.

平井俊顕（一九八七）『ケインズ研究』東京大学出版会

平井俊顕（二〇〇三）『ケインズの理論――複合的視座からの研究』東京大学出版会

ファインスタイン（一九七二）C. H. Feinstein, *National Income, Expenditure and Output of the United Kingdom 1855-1965*, Cambridge University Press.

ベナシー（一九八六）『マクロ経済学――非ワルラス・アプローチ入門』辻正次訳（一九九〇）多賀出版（J. P. Benassy, *Macroeconomics : An Introduction to the Non-Walrasian Approach*, Orland : Academic Press)

山本有三（一九四三）『米百俵』新潮社

リンドベック＝スノーワー（一九八九）A. Lindbeck and D. J. Snower, *The Insider-Outsider Theory of Employment and Unemployment*, Cambridge, Mass. : MIT Press)

ローマー（一九九六）『上級マクロ経済学』堀雅博・岩成博夫・南條隆訳（一九九八）日本評論社（D. Romer, *Advanced Macroeconomics*, Boston : McGraw-Hill/Urwin)

索　引

マ・ラ・ワ行

ハ　行

タ・ナ行

サ　行

索　引

重点的に述べた箇所は
ゴチック数字で示した

ア　行

カ　行

小野善康（おの・よしやす）

1951（昭和26）年，東京都生まれ．73年，東京工業大学工学部社会工学科卒業．79年，東京大学大学院修了（経済学博士）．武蔵大学助教授，大阪大学教授，東京工業大学教授を経て，99年より大阪大学社会経済研究所教授．

著書 *MONEY, INTEREST, AND STAGNATION*（Oxford University Press，1994年）
『金融』（岩波書店，1996年）
『景気と経済政策』（岩波新書，1998年）
『国際マクロ経済学』（岩波書店，1999年）
『景気と国際金融』（岩波新書，2000年）
『誤解だらけの構造改革』（日本経済新聞社，2001年）
TRADE AND INDUSTRIAL POLICY UNDER INTERNATIONAL OLIGOPOLY（Cambridge University Press，2004年，S. Lahiriとの共著）
ほか

不況《ふきょう》のメカニズム
中公新書 *1893*

2007年 4 月25日発行

著　者　小 野 善 康
発行者　早 川 準 一

本文印刷　三 晃 印 刷
カバー印刷　大熊整美堂
製　　本　小 泉 製 本

発行所　中央公論新社
〒104-8320
東京都中央区京橋 2-8-7
電話　販売 03-3563-1431
　　　編集 03-3563-3668
URL http://www.chuko.co.jp/

Published by CHUOKORON-SHINSHA, INC.
Printed in Japan　ISBN978-4-12-101893-9 C1233

中公新書

経済・経営

g1

1465 市場社会の思想史　間宮陽介
1456 思想史のなかの近代経済学　荒川章義
1029 「ケインズ革命」の群像　根井雅弘
1853 物語 現代経済学　根井雅弘
1841 現代経済学の誕生　伊藤宣広
726 幕末維新の経済人　坂本藤良
1527 金融工学の挑戦　今野浩
1658 戦略的思考の技術　梶井厚志
1871 故事成語でわかる経済学のキーワード　梶井厚志
1824 経済学的思考のセンス　大竹文雄
1078 複合不況　宮崎義一
1586 公共事業の正しい考え方　井堀利宏
1434 国家の論理と企業の論理　寺島実郎
1500 日本経済再生の戦略　野口悠紀雄
1595 流通は進化する　伊藤元重

1657 地域再生の経済学　神野直彦
1737 経済再生は「現場」から始まる　山口義行
1336 持株会社解禁　下谷政弘
1651 メガバンクの誤算　箭内昇
1627 コーポレート・ガバナンス　田村達也
1784 コンプライアンスの考え方　浜辺陽一郎
1842 「失われた十年」は乗り越えられたか　下川浩一
1700 能力構築競争　藤本隆宏
1074 企業ドメインの戦略論　榊原清則
1493 デファクト・スタンダードの経営戦略　山田英夫
1789 組織を変える〈常識〉　遠田雄志
1893 不況のメカニズム　小野善康